新时代中国生物多样性与保护丛书

The Series on China's Biodiversity and Protection in the New Era

中国生态学学会 组编

# 气候变化的应对：中国的碳中和之路

# *Climate Change Strategy: China's Road to Carbon Neutrality*

刘 竹 逯 非 朱碧青 主编

河南科学技术出版社

·郑州·

**图书在版编目（CIP）数据**

气候变化的应对：中国的碳中和之路／刘竹，逯非，朱碧青主编.
—郑州：河南科学技术出版社，2022.1（2022.10重印）
ISBN 978-7-5725-0505-8

Ⅰ.①气… Ⅱ.①中… ②刘… ③逯… ④朱… Ⅲ.①中国经济—低碳经济—研究 Ⅳ.①F124.5

中国版本图书馆CIP数据核字（2021）第123408号

出版发行：河南科学技术出版社
地址：郑州市郑东新区祥盛街27号　　邮编：450016
电话：（0371）65737028　65788613
网址：www.hnstp.cn
选题策划：张　勇
责任编辑：田　伟
责任校对：张萌萌
整体设计：张　伟
责任印制：张艳芳
地图审图号：GS（2021）5512号
地图编制：湖南地图出版社
印　　刷：河南博雅彩印有限公司
经　　销：全国新华书店
开　　本：787 mm × 1 092mm　1/16　印张：11　字数：146千字
版　　次：2022年1月第1版　2022年10月第2次印刷
定　　价：86.00元

# 本书编写人员名单


**主　　编**：刘　竹　逯　非　朱碧青

**编写人员**：（按姓氏音序排列）

崔　夺　邓　铸　窦新宇　郭　睿

柯丕煜　林晓娟　刘博杰　刘魏魏

鲁晨曦　宋暄任　孙韬淳　谭建光

王效科　杨师帅　于　颖　于天任

张　国　赵　红

# 序言

生物多样性是地球上所有动物、植物、微生物及其遗传变异和生态系统的总称。习近平总书记指出："生物多样性关系人类福祉，是人类赖以生存和发展的重要基础。"生物多样性是全人类珍贵的自然遗产，保护生物多样性、共建万物和谐的美丽世界不仅是当前经济社会发展的迫切需要，也是人类的历史使命。

我国国土辽阔、海域宽广，自然条件复杂多样，加之较古老的地质史，形成了千姿百态的生态系统类型和自然景观，孕育了极其丰富的植物、动物和微生物物种。

我国是全球自然生态系统类型最多样的国家之一，包括森林、灌丛、草地、荒漠、高山冻原与海洋等。在陆地自然生态系统中，有森林生态系统 240 类，灌丛生态系统 112 类，草地生态系统 122 类，荒漠生态系统 49 类，湿地生态系统 145 类，高山冻原生态系统 15 类，共计 683 种类型。我国海洋生态系统主要有珊瑚礁生态系统、海草生态系统、海藻场生态系统、上升流生态系统、深海生态系统和海岛生态系统，以及河口、海湾、盐沼、红树林等重要滨海湿地生态系统。

我国是动植物物种最丰富的国家之一。我国为地球上种子植物区系起源中心之一，承袭了北方古近纪、新近纪，古地中海及古南大陆的区系成分。我国有高等植物 3.7 万多种，约占世界总数的 10%，仅次于种子植物最丰富的巴西和哥伦比亚，其中裸子植物 289 种，是世界上裸子植物最多的国家。中国特有种子植物有 2 个特有科，247 个特有属，17 300 种以上的特有种，占我国高等植物总数的 46%以上。我国还是水稻和大豆的原产地，现有品种分别达 5 万个和 2 万个。我国有药用植物

11 000 多种，牧草 4 215 种，原产于我国的重要观赏花卉有 30 余属 2 238 种。我国动物种类和特有类型多，汇合了古北界和东洋界的大部分种类。我国现有 3 147 种陆生脊椎动物，特有种共计 704 种。包括 475 种两栖类，约占全球总数的 4%，其中特有两栖类 318 种；527 种爬行类，约占全球总数的 4.5%，其中特有爬行类 153 种；1 445 种鸟类，约占全球总数的 13%，其中特有鸟类 77 种；700 种哺乳类，约占全球总数的 10.88%，其中特有哺乳类 156 种。此外，中国还有 1 443 种内陆鱼类，约占世界淡水鱼类总数的 9.6%。我国脊椎动物在世界脊椎动物保护中占有重要地位。

我国保存了大量的古老孑遗物种。由于中生代末我国大部分地区已上升为陆地，第四纪冰期又未遭受大陆冰川的影响，许多地区都不同程度保留了白垩纪、古近纪、新近纪的古老残遗部分。松杉类植物世界现存 7 个科中，中国有 6 个科。此外，我国还拥有众多有“活化石”之称的珍稀动植物，如大熊猫、白鳍豚、文昌鱼、鹦鹉螺、水杉、银杏、银杉和攀枝花苏铁等。

我国政府高度重视生物多样性的保护。自 1956 年建立第一个自然保护区——广东鼎湖山国家级自然保护区以来，我国一直积极地推进自然保护地建设。目前，我国拥有国家公园、自然保护区、风景名胜区、森林公园、地质公园、湿地公园、水利风景区、水产种质资源保护区、海洋特别保护区等多种类型自然保护地 12 000 多个，保护地面积从最初的 11.33 万 $km^2$ 增至 201.78 万 $km^2$。其中，陆域不同类型保护地面积 200.57 万 $km^2$，覆盖陆域国土面积的 21%；海域保护地面积约 1.21 万 $km^2$，覆盖海域面积的 0.26%。这对保护我国的生态系统与自然资源发挥了重要作用。同时，我国还积极推进退化生态系统恢复，先后启动与实施了天然林保护、退耕还林还草、湿地保护恢复，以及三江源生态保护和建设、京津风沙源治理、喀斯特地貌生态治理等区域生态建设工程。党的十八大以来，生态保护的力度空前，先后启动了国家公园体制改革、生态保护红线规划、重点生态区保护恢复重大生态工程。我国是全球生态保护恢复规模与投入最大的国家。自进入 21 世纪以来，我国生态系统整体好转，大熊猫、金丝猴、藏羚羊、朱鹮等珍稀濒危物种种群得到恢复和持续增长，生物多样性保护取得显著成效。

时值联合国《生物多样性公约》第十五次缔约方大会（COP15）在中国召开之际，中国生态学学会与河南科学技术出版社联合组织编写了“新时代中国生物多样性与保护丛书”。本套丛书包括《中国植物多样性与保护》《中国动物多样性与保护》《中国生态系统多样性与保护》《中国生物遗传多样性与保护》《中国典型生态脆弱区生态治理与恢复》《中国国家公园与自然保护地体系》和《气候变化的应对：中国的碳中和之路》七个分册，分别从植物、动物、生态系统、生物遗传、生态治理与恢复、国家公园与保护地、生态系统碳中和七个方面系统介绍了我国生物多样性特征与保护所取得的成就。

本丛书各分册作者为国内长期从事生物多样性与保护相关科研工作的一流专家学者，他们不仅积累了丰富的关于我国生物多样性与保护的基础资料，而且还具有良好的国际视野。希望本丛书的出版，可推动社会各界进一步关注我国复杂多样的生态系统、丰富的动植物物种和遗传资源，进而更深入地了解我国生物多样性保护行动与成效，以及我国生物多样性保护对人类发展做出的贡献。

在本丛书即将出版之际，特向河南科学技术出版社及中国生态学学会办公室范桑桑和庄琰的组织联络工作致以衷心的感谢。我国生物多样性极其丰富复杂，加之本丛书策划编撰的时间较短，文中疏漏和错误之处，敬请广大读者指正批评。

中国生态学学会理事长　欧阳志云

2021 年 8 月

# 前言

生物多样性与气候变化相互影响、联系密切。气候变化在全球范围内对生物多样性的所有级别带来诸多改变。在 21 世纪，如何应对气候变化是保护全球及中国生物多样性面临的最重要的挑战之一。同时，生物多样性也对气候变化有重要影响。生态结构的改变直接或间接地影响地球生物化学过程和生物圈各个圈层的相互作用及物质循环，进而影响到地区及全球气候。

气候变化成因复杂。在近代，尤其是工业革命以来，人类活动对气候变化的进程的影响日益加剧。人类活动对气候变化的影响主要体现在通过化石燃料燃烧等过程大幅增加大气中温室气体的含量。相关研究表明，大气中温室气体浓度上升与全球温度上升有强关联性。中国作为幅员辽阔、人口众多的发展中大国，在发展过程中与多数发达国家历史进程一样，难免产生了大量温室气体排放。这些温室气体中，对气候变化影响最大的是二氧化碳。二氧化碳由于其排放总量巨大，且一旦排放又在大气中极其稳定等特性，最受关注。

二氧化碳等温室气体主要通过温室效应影响气候变化。而气候变化的影响并不局限于温室效应导致的全球平均温度的上升。气候变化在全球范围内带来诸多环境问题，包括因冰川融化带来的海平面上升、由海水吸收二氧化碳造成的海洋酸化、局部气候异常带来的极端天气增多等。这些环境问题在全球范围内均可能对海洋及陆地生物多样性和人类活动造成不利影响，因此，应对气候变化是当前全球各国共同面临的严峻挑战。

国家主席习近平于 2020 年 9 月在联合国生物多样性峰会上发表重要讲话，表达了中国积极参与全球环境治理的决心，同时指明了中国力争于 2030 年前二氧化碳排放达到峰值、争取 2060 年前实现碳中和的坚定目标。本书的编写基于中国在碳排放及碳中和等方面的研究成果和实践，期望为全球共同应对气候变化提供中国经验和中国智慧。

本书共分为五章。第一章阐述了气候变化的基本概况，包括气候变化成因、影响、主要应对路径和全球碳中和目标与进展。第二章介绍了碳中和的科学基础，包括全球碳收支与碳平衡、碳排放、碳汇与人工增汇措施。第三章详细阐述了中国碳排放的现状、趋势与驱动因素。同时，因 2020 年新型冠状病毒感染肺炎疫情对全球及全中国社会活动的各个方面造成了巨大影响，本章详细分析了新冠疫情对中国各个碳排放部门的具体影响。本章最后从科学的角度上对中国未来碳排放的预期做出了分析。第四章阐述了中国生态系统碳汇的现状及未来发展潜力，因自然碳汇在过去及目前仍是中国碳汇的主要来源，本章详细介绍了陆地自然系统和海洋系统这两大自然生态系统的碳汇情况。第五章从多种角度综述了中国碳中和的相关政策措施，覆盖经济结构、低碳能源、转型政策、市场机制、零碳示范区及国际合作等。

本书主要由清华大学和中国科学院生态环境研究中心合作编写而成。由刘竹、逯非和朱碧青担任主编。各章执笔人分别是：第一章于颖、林晓娟；第二章柯丕煜、邓铸、谭建光、孙韬淳；第三章鲁晨曦、崔夺；第四章逯非、王效科、刘魏魏、张国、赵红、刘博杰、杨师帅、于天任；第五章窦新宇。插图由宋暄任绘制。英文摘要由朱碧青和郭睿编译。全书最后由刘竹、逯非和朱碧青修改定稿。在本书编写过程中，李金利老师提供了部分照片素材，在此表示感谢。书中引述的碳排放、碳汇资源数据主要基于我国在碳核算相关领域多年的研究成果，也包括作者过去多年发表的论著及组织搭建的数据库。在本书编写过程中，得到了中国生态学学会的支持和河南科学技术出版社的帮助，在此一并致谢。

本书可供从事生物多样性和气候变化、中国碳中和相关研究和教学的科研人员及教育工作者参考，也可供关注气候变化、碳达峰、碳中和等方面的管理人员、学生、社会公众及媒体宣传等方面的人士阅读。

由于编者水平有限，书中的疏漏或错误之处，恳请同行和读者多提宝贵意见，以便我们今后对本书进行修改和完善。

编者

2021 年 5 月于北京

# 目录

# 第一章

## 气候变化基本概况

气候变化深刻影响着人类的生存和发展，是人类社会可持续发展的重大挑战。1992年缔约的《联合国气候变化框架公约》中将气候变化定义为“经过相当长一段时间得到的观察结果，在自然气候变化之外，由人类活动直接或间接地改变全球大气组成所导致的气候改变”。该定义强调人为活动这一外部因素的重要作用，并将气候变化与自然气候变动这一内部进程区分开来。现有研究认为，导致气候变化的自然因素主要包含太阳辐射变动、地球轨道变动以及大气和海洋环流变动等自然过程。自工业革命以来，人类活动特别是人类生产活动中，使用化石能源所产生的二氧化碳等温室气体的排放，是导致现今以全球变暖为主要特征的气候变化的重要驱动因素。

## 一、气候变化成因及影响

人类社会进入工业化以来，经济发展与人口增长大幅推动了人为温室气体的排放，从而对全球气候产生了显著影响（IPCC，2014；IPCC，2018）。人类工业活动尤其是化石能源燃烧产生的碳排放（$34 \times 10^8 tCO_2$ in 2020）被认为是温室气体排放的主要形式（Keeling et al.，1995；Keeling et al.，1996；Friedlingstein et al.，2020；IEA, 2020）。以碳基能源（煤炭、石油、天然气等）为主的化石燃料在燃烧过程中能够释放占其成分90%～98%的碳，这些碳在大气中被完全氧化形成二氧化碳，构成了最主要的温室气体源（Lashof et al.，1990）。另外两种主要温室气体为氧化亚氮和甲烷。其中，氧化亚氮排放也主要来自于化石能源燃烧。甲烷排放一部分来自于化石燃料的燃烧，另一部分来自于油气泄漏、废弃物、生物沼气，以及牲畜体内的发酵过程。其他温室气体如氟化物等，则主要来自于工业化学生产过程。值得注意的是，能源消费相关的碳排放不仅成为了主要的温室气体排放源，也彻底改变了全球碳循环这一最基本的地球化学循环格局（Levin et al.，2012）。除化石能源燃烧外，人类活动造成的土地利用变化每年贡献约 $10 \times 10^8$t 碳。在自然界碳循环体系中，陆地森林系统和海洋为最主要的碳汇（Sarmiento et al.，2010；Bernardellor et al.，2013），每年分别吸收 $25 \times 10^8$t 碳和 $23 \times 10^8$t 碳，剩余的 $41 \times 10^8$t 碳以二氧化碳的形式存留于大气之中，陆地、海洋系统的回馈作用保持了地球碳收支平衡，而人类活动正逐渐打破这一平衡。

在千年甚至更长的时间尺度上，大气中二氧化碳含量与全球气温变化呈现出严格的线性关联（Mann et al.，1998）（图1.1，图1.2）。现有观测数据表明，人为温室气体的大量排放促使全球平均表面温度（GMST）相对于1850—1900年基线（工业化前水平近似值）升高（1.2 ± 0.1）℃（WMO，2020）。如果以当前速度继续上升，该数据有可能在2030—2052年达到1.5℃（IPCC，2018）。全球温度升高促使两极冰川加快退缩并使格陵兰岛冰盖表面加速融化，进而对全球水循环产生巨大影响，并且极有可能与已观

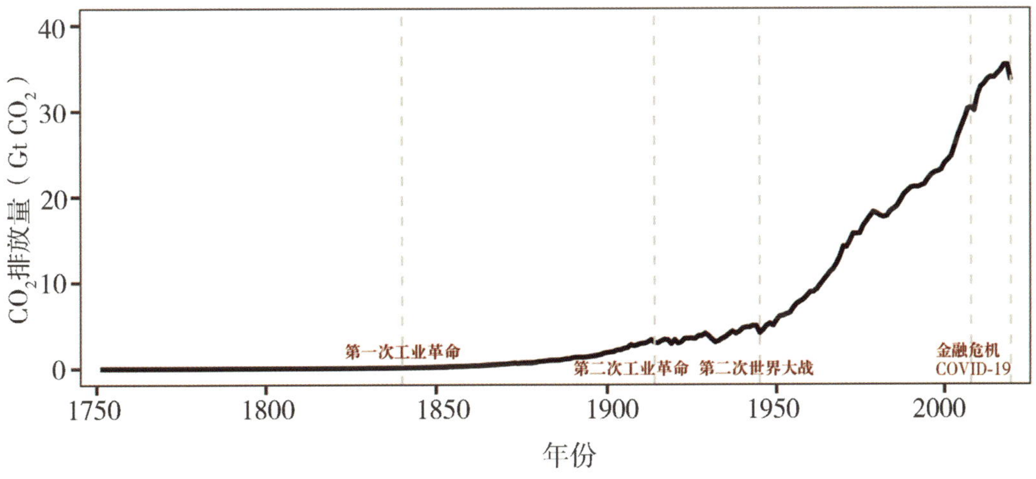


图1.1　全球1750—2018年二氧化碳（$CO_2$）排放量动态变化趋势（相对于1850—1900年）
数据来源：Carbon Monitor http://carbonmonitor.org/；Friedlingstein et al.，2020

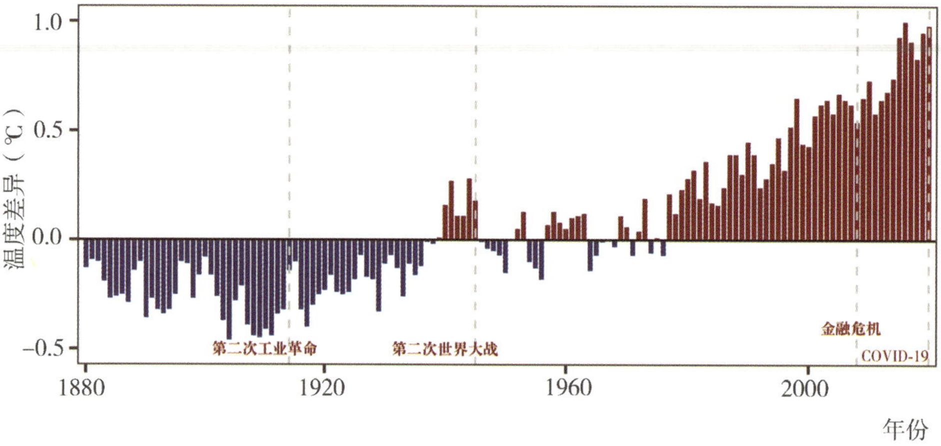


图 1.2　全球 1880—2020 年平均温差（相对于 1901—2000 年）
数据来源：NOAA

测到的全球海洋上层（0 ~ 700m）热量增加以及全球海平面的上升直接关联（IPCC，2014）。如对这种趋势不加以遏制，以全球变暖为主要特征的气候变化可能会对全球自然生态、人类社会与经济系统产生难以逆转的深刻影响。

大量研究表明，气候变化可能给自然生态系统，尤其是物种多样性带来难以估量的风险与损失。历史数据反演、全球卫星及气象数据观测（Bond et al.，2004；Francey et al.，2013）、模型模拟（Defries et al.，1999；Defries et al.，2000）以及其他相关数据（Stocker et al.，1997；Caldeira et al.，2003；Chakravarty et al.，2009；Vichi et al.，2011）证明气候风险会对全球生态系统、化学循环和能量平衡等产生深远影响。一方面，气候变化会增加干旱、洪水、飓风、森林火灾及其他极端气候事件的发生频率（Sheffield et al.，2012），全球变暖会加速极地冰盖及冰川的消融（Wigley et al.，1992），从而导致海平面上升与陆地面积减少（Oreskes，2004）。极端天气及海平面上升引发的生物栖息地丧失与荒漠化（Walther et al.，2002；Thomas et al.，2004）极有可能导致陆地植被与生物多样性丧失（Hughes et al.，2003；Dusenge et al.，

2019）。另一方面，海洋吸收二氧化碳会导致海水 pH 值下降，自工业革命以来，人为温室气体的大量排放已然导致海洋酸化现象的加剧以及海洋含氧量的断崖式下跌（Caldeira et al.，2003），这不可避免地抑制了海洋动、植物的生长与发育，并进一步增大藻类到鱼类等海洋生物灭绝的风险。根据政府间气候变化专门委员会（IPCC）于 2018 年发布的《全球升温 1.5℃特别报告》可知，在该报告研究所覆盖的近 11 万个物种中，在全球升温 1.5℃情境下，由于半数生物栖息地将因气候因素而减少，因而预计将有 6%的昆虫、8%的植物和 4%的脊椎动物会物种丧失或灭绝。而在全球升温 2℃情境下，预计将有 18%的昆虫、16%的植物和 8%的脊椎动物会物种丧失或灭绝。生物多样性和生态系统服务政府间科学－政策平台（IPBES）在 2019 年发布的《关于生物多样性和生态系统服务的全球评估报告》中同样指出，过去一个世纪的物种丧失与灭绝速度相比于过去 1 000 万年的平均速度增加了 100 倍。如果不采取相应措施，多达 100 万种陆地与海洋生物可能会由于人类活动而灭绝（Brondizioet et al.，2019）。

气候变化不仅成为全球自然生态系统的巨大挑战，还对人类社会与经济系统构成了潜在威胁（Watts et al.，2020）（图 1.3）。研究表明，气候变化主要通过以下两个方面对人类社会产生影响。一方面，气候变化造成的自然灾害与极端天气事件（干旱、洪涝、热浪、飓风、低温冷害及沙尘暴等）促使人类健康状况遭受直接与间接的不利影响（Patz et al.，2005）。例如，全球变暖致使热浪天气频发，极端高温天气大幅提高了人类弱势群体热应激相关疾病的发病率与死亡率（Kovats et al.，2008）。此外，暴雨与洪涝灾害增加了以印度与非洲撒哈拉以南为代表的缺少水与环境卫生设施的地区的疾病负担，经水传播的疾病（霍乱和血吸虫病等）的蔓延给全球公共卫生带来了巨大挑战（Haines et al.，2006；IPCC，2007）。另一方面，气候变化所导致的自然生态系统破坏和资源供应与分配困境可能引发人类社会国家安全与领土争端问题。例如，气候变化引起的海平面上

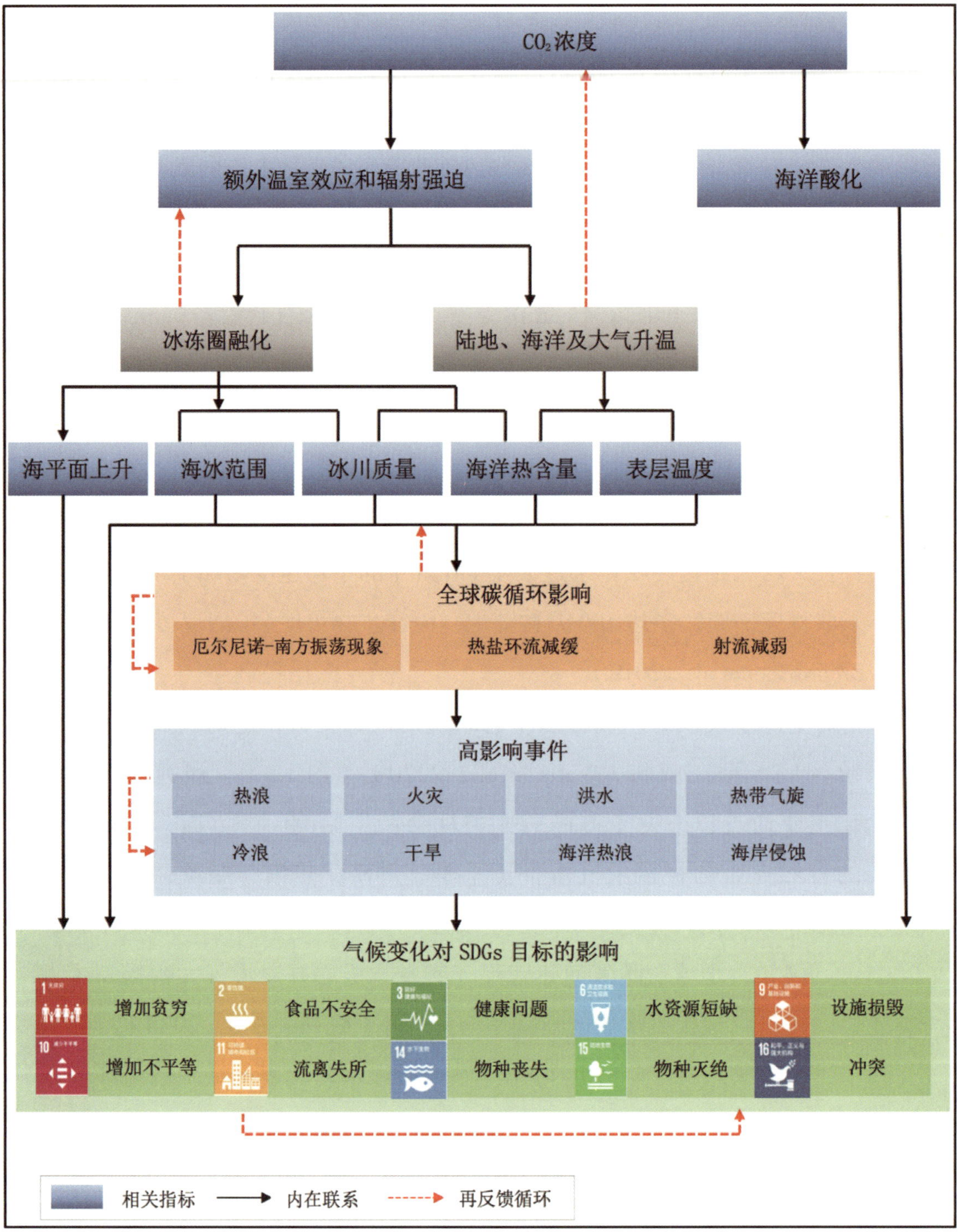


图 1.3 气候风险及其潜在影响

升不仅对沿海农业、渔业及旅游业等经济产业造成冲击，还对岛屿国家、低洼沿海地区和三角洲地区的领土主权及海洋权益构成了严重威胁，国土面积的减少导致大量国民流离失所（Oppenheimer et al.，2019）。此外，极端天气事件会造成水、粮食及能源等重要资源出现短缺，进一步降低国家经济发展水平，还可能带来地缘政治冲突问题。例如，局部水资源短缺可能会引发国家间的水资源争夺（Vörösmarty et al.，2000；Piao et al.，2010）。两极和喜马拉雅地区是受气候变化影响最为强烈的地区，部分国家可能因为局部水资源问题产生争端与冲突，从而对区域局势稳定产生不利影响（IPCC，2007；Bates et al.，2008）。

考虑到气候变化可能对自然生态、人类健康、粮食安全及经济系统等方面产生的不利影响，如何摆脱化石能源依赖，寻找新一代低排放甚至零排放可再生能源成为关乎全球工业兴衰与国家领导力的重要问题（Stern et al.，2007）。在气候风险及其影响日益凸显的前提下，研究与分析不同地区气候变化的成因与其具体影响，并由此提出因地制宜的解决措施和相应政策是实现未来人类社会可持续发展工作的重中之重。

## 二、气候变化主要应对路径

受人口增长和经济发展的影响，如果不积极应对气候变化风险并采取有效的管理战略以减轻气候变化风险，全球变暖以及海平面上升等气候相关问题极有可能会对自然系统与人类社会造成广泛且不可逆的严重后果（IPCC，2014）。“减缓和适应”被认为是减轻与管理气候变化风险的缺一不可的路径。其中，“减缓”旨在遏制气候变化的持续恶化，主要通过节能减排以及增加碳汇等方式大幅减少温室气体排放。“适应”则是基于实际情况或者可预期的气候变化风险及其影响，采取相应的管理措施以减轻气候风险带来的潜在影响。在进行有关“减缓与适应”的气候决策时，有必要对气候变化的预期风险和效益进行合理评估。由于各类价值的计价与调整不尽相同，因此需要多种规范性学科分析方法共同参与到政策评估活动中。例如，伦理学有利于明确气候风险及其影响的内涵，政治哲学有助于厘清温室气体排放的责任问题，经济学则能够利用成本效益分析等定量方法对温室气体排放进行价值评估。在经济学领域，“低碳经济”被广泛认为是有效抵御与减轻气候风险及其影响的可持续发展路径。部分经济学家认为应当尽早加大减排措施投入，发展低碳经济以规避全球气候变化风险（Stern et al., 2007）。由于气候变化通常拥有复杂性与全球性的特点，一个引发全球热议的话题为“气候公平与公正”。大量研究表明，随着时间的推移，大部分温室气体会逐渐累积并扩散到全球范围内，任何个体与群体的人为排放均会广泛地作用于全球气候，因而温室气体的社会成本极有可能被不平等地分配给了低消费或低排放群体（IPCC，2014）。综上，在气候决策过程中，应当严格基于可持续发展战略和公平原则，借助各类规范性分析方法对气候风险及其效益进行科学评估，并由此提出有助于合理适应和有效减缓的具有抗御力的气候变化应对路径。

## （一）气候变化减缓路径

减缓全球气候暖化趋势迫在眉睫。据政府间气候变化专门委员会（IPCC）于 2014 年发布的气候变化综合报告可知，如若不出台更多且更有效的减缓路径相关气候政策，在基准情景（BAU: Business As Usual）下，21 世纪末全球温室气体排放量增加区间预计将在 75 ~ 140 Gt $CO_2$ 当量 / 年，这意味着全球平均地表温度（GMST）相比于工业化前水平上升 3.7 ~ 4.8℃（中等气候响应情况）或 2.5 ~ 7.8℃（考虑气候不确定性情况）。因此，世界各国亟须采取能够实现显著减排目标并将升温幅度限制在 2℃以内的减缓路径。这也就要求各国充分利用各种技术、经济、社会和制度实现低成本科学化的长期温室气体减排目标。然而，此类减缓路径的实施预计将对现有技术、经济、社会和制度造成巨大挑战。针对关键技术的投资与技术创新以及考虑技术经济性的低成本化有助于减排技术的大规模部署，社会与制度层面的公众意识的提升和积极的国际合作有利于在全球范围内达成共同减排目标。

据气候变化国际组织以及生态环境部历年工作报告显示，现有气候变化减缓路径主要包括调整与优化能源及产业结构、提高能效、增加碳汇、确定低碳试点，以及非二氧化碳气候强迫因子减排等多种方式（IPCC，2014；IPCC，2018；生态环境部，2019）。目前世界各国广泛采用的一个典型的减排措施是相对减少对煤炭能源的过度依赖，同时大力发展以风能、太阳能、生物质能等非碳基能源为代表的可再生能源行业。例如，国际能源署在最新发布的《可再生能源 2020》报告中指出，得益于中美两国对可再生能源发电行业的大力支持，全球可再生能源的净装机容量在 2020 年年底达到近 200GW，并且极有可能在 2025 年成为全球最主要的电力来源。包括电气化、氢能、生物能源、碳捕获、利用和封存（CCUS）及其组合技术（BECCS）在内的现有技术与新技术的深度结合被认为有助于成功实现显著减排目标，并且已经在不同尺度上证明以上路径的技术可行性。然而，由于世界各国在社会、经济、制度和价值判断等方面存在差异，减缓努力及其预期成本评估各有不同，从而使得特定技术在全球范围内的大规模推广与利用面临较大限制。如何在制度层面管理和协调国际合作，通过技术援助和统一行动等方式深化气候变化减缓路径的全球部署将成为未来的工作重点。

### （二）气候变化适应路径

气候风险可能给自然系统和人类社会带来不可逆的影响，因此世界各国的公众、政府和私营部门已经开始主动采取相应措施提前适应气候风险及其潜在影响，为气候变化减缓行动提供更多缓冲时间（IPCC，2014；IPCC，2018；生态环境部，2019）。适应具有地域性与行业差异性，具体方案的实施效果通常受到地区和部门的影响，并非放之四海而皆准。此外，气候变暖趋势以及气候变化的不确定性可能会给许多适应路径带来更大挑战。鉴于气候风险通常具有复杂性和广泛性的特点，气候变化适应路径覆盖了包括农业领域、水资源领域、自然生态领域、人类健康领域以及国际合作领域等在内的众多部门。具体而言，在农业领域，积极培育耐高温和强降水的作物新品种以应对农作物产量下降问题，提供针对性的补贴抗旱设备并完善作物保险体系以保障小规模农户和农耕企业的权益。此外，减少农业市场波动并增加全球贸易开放度有助于应对世界粮食供应短缺问题。在水资源领域，优化海水淡化等措施以提高水资源的气候抗御力，开发有助于解决水资源短缺的风险管理技术（如节水技术及策略）以适应气候不确定性带来的水文变化。在自然生态尤其是生物多样性领域，减少填海造陆和退林还耕等改造动、植物栖息地的行为，能够恢复与增强自然生态系统对气候变化的自适应能力。此外，还能够搭建迁徙走廊并辅助脆弱物种迁徙转移到替代地区，以应对气候变化造成的物种脆弱性问题，提高物种的适应和迁移能力。在健康领域，加强与完善现有医疗卫生服务体系以及社会保障系统，以应对气候变化相关的健康和安全问题，如提供环境卫生设施以增加清洁水的可获得性，保证疫苗接种和弱势群体的基本卫生保健，加强气候灾害的灾前预警和灾后管理能力。完善的保险项目、社会保障措施和灾害风险管理预计能够改善低收入人群的气候成本分配不平等现象。

近年来，气候风险及其影响得到了更为广泛的认可和重视，世界各国在考虑共生效益、协作效应和未来机遇的前提下积极开展国际合作并缔结气候公约以适应全球范围内的气候变化趋势。全球气候治理正逐步演变为一种由各类气候制度或机制组成的松散集合体，也有学者将其称为复合机制（Keohane et al.，2011；Victor，2011），抑或视为一个以公约机制为中心的同心圆。该同心圆的外圈依次由国际、国家/区域和地区圈层构成，多边机制、双边机制、其他联合国执行机构以及环境公约等机制分属不同圈层或多个圈层，但均与公约机制直接或间接相连，由此共同组成全球气候治理的集合体（IPCC，2014）。由于世界各国在气候治理过程中的利益和能力均有所差异，因此全球层面的气候治理难以建立一个全面有效的机制体系。这种复合机制能够适应当前形势且具有较强的灵活性，既能够保证小范围磋商的有效达成，又能够促使已达成的成果逐步扩散。除复合机制外，一些学者认为全球气候治理不存在所谓的“核心”，而呈现为一种多中心治理的体系（Ostrom，2012）。以追求缔约方一致同意的大多边领导模式在全球气候治理体系中占据了重要地位，然而其巨大的妥协性以及国别利益鸿沟难以弥合，不免效率低下。由两个及以上的大国或集团在气候领域开展共同合作的双边模式也是气候治理体系中的重要方式。双边机制虽然可能随着参与方国内政治变动影响发生变化（宋亦明等，2018），但是不同于多边机制，这种由大国主导的双边模式在气候治理过程中具有不可否认的高效率。合作双方达成全球气候治理的共同意愿，合力促成有代表性、有约束力、有实施性的行动方案和条约，充分利用各国的比较优势，共同向国际社会提供气候治理所需的包括资金、技术等在内的诸多要素（薄燕，2016a；薄燕，2016b；关孔文等，2017）。例如，作为全球气候治理的积极力量，中国、欧盟和美国都曾依靠其大国（集团）的能力和合作意愿，通过双边模式在全球气候治理中发挥了重要作用（王联合，2015；张自楚等，2016）。

## 三、全球碳中和目标与进展

全球气候变化对地球环境的影响日益突出，已经成为社会发展面临的严峻挑战。频繁的人类活动引起气候变化，其后果之一就是全球变暖。地球自然资源如化石能源和木材等均是由碳元素构成的，含碳自然资源消耗的增加会引起二氧化碳等温室气体排放增加，最终促进全球变暖。“碳中和”

一词自 2006 年被《新牛津美国词典》选为年度词汇以来，讨论热度持续增加，引起了众多国际组织和民众的广泛关注。例如，国际航空运输协会早在 2013 年就提出要在 2020 年实现航空运输行业“碳中和”的有关目标。联合国政府间气候变化专门委员会在 2018 年呼吁世界各国，为实现 1.5℃以内的升温目标而积极采取措施，使世界各国制定“碳中和”目标和研究实现路径正式提上日程。“碳中和”是指企业、团体或个人测算在一定时间内直接或间接产生的温室气体排放总量，通过植树造林、节能减排等形式，以抵消自身产生的二氧化碳排放量，实现二氧化碳“零排放”（中华人民共和国中央人民政府网）。“碳中和”作为一种缓解管理工具，可以有效缓解全球温室效应。目前，中国、欧盟、英国、美国、加拿大、德国、法国、日本和新西兰等国家和地区陆续公布了“碳中和”目标，下面就世界各国“碳中和”进展和实现路径分别介绍。

## （一）欧盟碳中和进展

2019 年 12 月，欧盟委员会在马德里召开的第 25 届联合国气候变化大会（COP25）上发布了《欧洲绿色协议》（European Green Deal），也称为“欧洲绿色新政”，正式确立了欧盟在 2050 年在全球范围内率先实现“碳中和”的目标。2020 年 10 月，《欧洲气候法》正式由欧盟各国环境部长讨论达成一致，将欧盟在 2050 年实现“碳中和”目标以法律的形式确立。为了实现“碳中和”目标，欧盟提出了以下八个方面的路径措施：①将在 2030 年实现 1990 年排放基础上减排 40% 的目标提升至 50% ~ 55%。②到 2050 年，实现土壤、空气和水等环境全部零污染，即创建无毒（toxic free）环境。③加速实现可持续性智能交通体系，减排 90% 的运输排放量，转移陆路交通到航道和铁路交通上。在 2025 年建成 100 万个公共充电站和加油站为零排放和低排放汽车服务。计划在 2021 年 6 月修订内燃机车二氧化碳等空气污染物的排放性能标准（庄贵阳等，2021）。④重点提升能源利用效率，大力发展可再生能源电力部门，淘汰煤炭产业及实现燃气行业脱碳，促进工业向清洁经济和可持续经济发展。⑤新建建筑和翻新老旧建筑要以高资源效率和高能源效率建造。⑥减少化肥、农药的使用，打造绿色健康的农业供应链，促进可持续食品的消费。⑦保护生态系统多样性和生物多样性，恢复被破坏的生态环境。⑧采取“气候税金”制度，取消化石能源补贴，提高污染源头，如航空部门、海运部门和传统能源企业的税率。

## （二）英国碳中和进展

2019 年 6 月，英国新修订的《气候变化法案》正式生效，确立了在 2050 年实现“碳中和”的目标。英国是世界上第一个以立法形式确立“碳中和”目标的发达国家。2020 年 11 月，英国又发布了包括 10 个方面的“绿色工业革命”计划，进一步明确减排目标（孙晓玲，2021）。为了实现“碳中和”目标，英国提出了以下五个方面的路径措施：①承诺在 2030 年实现在 1990 年排放基础上至少降低 68% 的温室气体减排目标。②大力推进新一代核能技术的研发、加快发展海上风能能源及普及电动车的使用。③加入“弃用煤炭发电联盟”（The Powering Past Coal Alliance），承诺未来 5 ~ 12 年彻底淘汰燃煤发电。④实施“绿色账单”计划，以补贴等方式支持民众对新建建筑进行能耗分析，使用节能设备，对老建筑新安装减排设备，并实行 BREEAM（Building Research Establishment Environment Assessment Method）绿色建筑节能评估。⑤实行“25 年环境计划”和“林地创造资助计划”，助力林地面积增加。

## （三）美国和加拿大碳中和进展

2021 年 1 月，美国总统拜登在上任第一天就宣布重返《巴黎协定》，并宣布美国将在 2050 年实现“碳中和”目标。为了实现“碳中和”目标，美国提出了以下四个方面的路径措施：①将在 2035 年实现 100% 的清洁电力能源，即无碳发电，推进约2万亿美元的“清洁能源革命”。②在交通领域，大力推广电动汽车及其他清洁能源汽车的使用，实现城市的零碳交通。③在建筑领域，利用节能技术实现新建建筑的零碳排放。④大力发展新能源创新，研发储能、绿氢、碳捕捉技术和核能等前沿技术，减少低碳成本。

2020年11月19日，加拿大政府颁布法律草案明确在2050年实现“碳中和”目标，并计划每五年制定一次具有法律效力的碳排放预算。加拿大的CCUS（Carbon Capture，Utilization and Storage）技术处于世界领先水平，全球首座CCUS一体化项目于2014年由加拿大萨斯喀电力公司建成，成功地向世界表明了CCUS技术商业化运营的潜力（胡璇，2020）。加拿大计划进一步建立CCUS技术国际知识中心，推广其在水泥和钢铁等传统行业的应用，研发和发展第二代CCUS技术。

## （四）德国和法国碳中和进展

2019年11月，德国颁布的《气候保护法》首次以法律形式确定德国在2050年实现“碳中和”目标（邓明君等，2013）。该法案明确了工业、建筑、交通和能源等经济部门的排放量，并提出在2030年实现在1990年排放基础上至少降低55%的温室气体减排目标。德国计划从2021年启动德国排放交易体系，向销售化石能源等高排放产品的企业出售排放量额度，以此补贴民众出行和降低电价。

2020年4月21日，法国颁布法令《国家低碳战略》，明确法国在2050年实现“碳中和”目标。法国计划将现有减排速度提高三倍以实现2050年“碳中和”目标，促进欧盟对高排放进口物品加征关税，加大力度发展氢能等清洁能源，设立专项翻新工程补助金帮助高能耗建筑转变。

## （五）日本和新西兰碳中和进展

2020年12月25日，日本颁布《绿色增长计划》，正式提出日本在

2050年实现“碳中和”目标。日本政府计划在2030年电动车电池成本减少一半以上，在2035年电动车将替代汽油车，在2050年前通过大量投资和新技术开发实现可再生能源占比增加至50%左右，加大风力发电和氢能利用，减少核能源依赖。此外，日本政府为绿色投资和销售提供税收减免，并设立绿色基金支持绿色技术的投资。

2019年11月7日，新西兰议会通过《零碳法案》，明确新西兰在2050年实现“碳中和”目标，与其他国家不同的是，新西兰对“碳中和”的定义是除生物甲烷（主要来自绵羊和牛）以外的所有温室气体的净零排放。新西兰计划在2030年生物源甲烷的总排放量在2017年基础上减少10%，到2050年在2017年基础上减少24%～47%。

### （六）其他国家碳中和目标实现日期

除上述国家外，芬兰政府宣布计划在2035年成为世界上首个实现“碳中和”的国家；奥地利和冰岛，以政策宣示的形式明确了在2040年实现“碳中和”目标；瑞典提出在2045年实现“碳中和”目标；智利、哥斯达黎加、丹麦、斐济、匈牙利、爱尔兰、马绍尔群岛、挪威、葡萄牙、斯洛伐克、南非、韩国、西班牙和瑞士均明确了在2050年实现“碳中和”目标。

### （七）主要国家碳中和实现路径

根据中国人民银行国际司青年课题组调查显示，世界各国主要从能源、建筑、交通、工业和农业五大路径实现“碳中和”目标。能源领域的减排措施集中在清洁能源的发展利用和煤电产业占比的降低，例如，2020年7月，欧盟和英国均大力推进氢能技术在工业和交通等领域的应用，2020年4月，瑞典关闭了境内所有燃煤电厂，丹麦已经停止颁发天然气和石油开采许可；建筑领域的减排措施集中在翻新老旧建筑、新建高效低碳建筑和实行绿色建筑节能评价体系，例如，欧盟计划在2030年实现所有建筑近零排放，新加坡对新建建筑和已有建筑规定了最低绿色标准；交通领域的减排措施集中在推广新能源交通工具和实现交通运输系统智能化，如美国、德国和奥地利等减免零排放汽车税收及提供低息贷款和泊车福利，欧盟致力于运用 5G 和无人机等技术建成数字化和智能化的交通体系；工业领域的减排措施集中在碳捕捉、储存技术和循环经济，例如，英国在 2018 年启动了生物能源碳捕捉和封存试点，欧盟提出循环经济行动计划，提升产品循环利用率，减少“碳足迹”；农业领域的减排措施集中在加强植树造林和减少农业生产碳排放，例如，墨西哥计划在 2030 年前实现森林零砍伐，芬兰结合欧盟发布的《农场到餐桌战略》制定了节约粮食和提高粮食安全性、可持续性的路线图。

# 第二章

## 碳中和的科学基础

# 一、全球碳收支与碳平衡

## （一）全球碳收支与碳循环不平衡现象

全球碳收支与碳循环是碳中和的科学基础。其中，碳收支主要包括碳源和碳汇，分别代表了大气中碳的来源和去向[1]。碳循环是地球系统物质和能量循环的核心以及不同圈层相互作用的纽带，是反映全球变化下陆地生态系统是否健康的核心指标体系。全球碳收支与碳循环的微小变化便能导致大气碳浓度的显著波动，从而进一步影响全球气候的稳定。因此，分析与研究碳收支及碳循环是全球气候变化研究体系的重要环节，国际地圈－生物圈计划（IGBP）同样将其确定为核心内容之一。

碳源和碳汇是全球碳收支的重要组成部分。其中，碳源是指排放到大气中的碳，以人类活动产生的碳排放为主。目前全球最大的碳源是化石燃料的燃烧，占人类活动碳排放的 70% 左右，化石燃料主要包含以煤、石油和天然气为代表的碳基能源。此外，大约还有 30% 的人类活动碳排放来自水泥生产和土地利用变化等（IPCC，2013）。碳汇是指从大气中吸收的碳，以自然界的二氧化碳吸收为主。目前全球最主要的碳汇是陆地生态系统和海洋生态系统，分别从大气中吸收 30% 左右的碳，大约还有 40% 的碳留在大气中（IPCC，2013）。主要碳源和碳汇以及对大气二氧化碳的贡献如图 2.1 所示。

所有排放到大气中的二氧化碳，部分继续停留在大气中，其余的被陆地、海洋以及人为或人类未知的碳汇渠道进行吸收和储存。科学家对碳源和碳汇

[1] 本书中“碳排放”一般指以二氧化碳排放为主的温室气体排放。在单位使用上，一般采用“吨二氧化碳”（与“吨碳”之间可用二者的相对分子质量 44 ： 12 关系进行换算）。

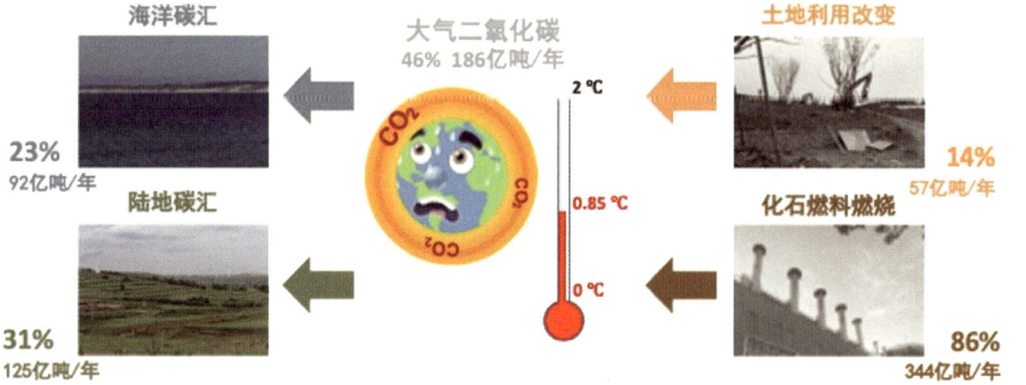


图 2.1　碳收支示意图

数据来源：IPCC，2013

估计的不确定性，以及可能还存在人类未知的碳汇渠道等问题导致了全球尺度的碳收支不平衡问题（Budget Imbalance）。因此，排放到大气中的二氧化碳并不完全等于留在大气的二氧化碳与陆地、海洋碳汇的加和。

当碳源与碳汇相互抵消时，可达到碳收支平衡，也即碳中和。然而，实际观测值显示目前大气二氧化碳浓度急剧增加，揭示了全球碳收支存在不平衡的问题。Keeling 曲线在全球变化研究领域中有着举足轻重的地位，它记录了自 1956 年以来美国夏威夷岛冒纳罗亚火山（Mauna Loa）地区的大气二氧化碳浓度，由于观测地点远离人类活动区域，因此观测结果被公认为能够代表全球大气二氧化碳浓度的平均状况。根据 Keeling 曲线可知，全球大气二氧化碳浓度在过去 60 年间持续上升，增长了 1.3 倍，继而导致了以全球变暖为代表的全球气候变化现象。与此同时，全球其他大气二氧化碳浓度观测站点（如 GLOBALVIEW 观测网络）也观测到相同的现象（Liao et al.，2020；Nordebo et al.，2020）。上升的大气二氧化碳浓度表明全球尺度碳收支的不平衡，也即向大气中排放的二氧化碳（碳源）远大于从大气中吸收的二氧化碳（碳汇）。

由于自然系统碳汇结构复杂，具有年际波动大和区域异质性高的特点，因而成为碳收支核算中最具争议的一环。因此，各个国家纷纷启动了大型碳循环科学研究计划。例如，美国、加拿大和墨西哥联合启动了“北美碳计划”（NACP），欧盟发起了“欧洲碳循环联合项目”（CarboEurope），在2003年该项目结束之后启动了另外一个综合集成碳项目——CarboEurope-IP，继续深入研究之前的工作，探讨欧洲地区陆地生态系统碳源及碳汇的时空分布格局。现有碳收支核算主要有两种方法：第一种方法是进行实地调查，获取通量数据、航空航天数据和地面清查资料，但该类核算是在点上进行，无法全面了解区域甚至全球自然生态系统碳源及碳汇的情况。在此背景下，第二种方法——生态系统碳循环模拟应运而生，包括自下而生的机制模型以及自上而下的大气反演模型。需要指出的是，目前研究所估算的国家和区域碳汇大小都具有较大的不确定性。如何准确估算生态系统碳源及碳汇，有效指导温室气体减排目标的制定，是未来全球变化和自然系统碳循环研究的主要挑战之一。

全球碳计划项目（Global Carbon Project，GCP）组织了区域碳循环评估和过程综合分析，以对全球各个地区碳收支情况进行估算（Le Quéré et al.，2014）。该项目通常于年底发布当年全球碳预算报告（Global Carbon Budget）在全球范围内具有极高影响力。人类活动是全球碳收支中的主要碳源，自工业革命以来，化石燃料的燃烧以及土地利用方式的改变等人类活动使得人为碳排放（碳源）激增（IPCC，2013），碳收支不平衡的出现被认为是人类活动的增强打破了自然系统稳定的碳吸收能力。图2.2为从1850年到2015年的全球碳收支动态变化趋势。由图2.2可知，过去70年全球陆地碳汇和海洋碳汇并非保持稳定，而是均有显著增加 (Friedlingstein et al.，2020）。大量研究已证实，由大气二氧化碳浓度激增所引发的气候变化可能对自然生态系统产生复杂影响，并使其碳汇功能增强（Walker et al.，2020）。虽然自然碳汇的增加在一定程度上促进了碳收支平衡，但其增加量有限，并不能抵消人为碳排放所带来的碳源增加，人类活动仍是引起碳收支不平衡的主要原因。其中，相比于土地利用变化，化石燃料的燃烧所带来的

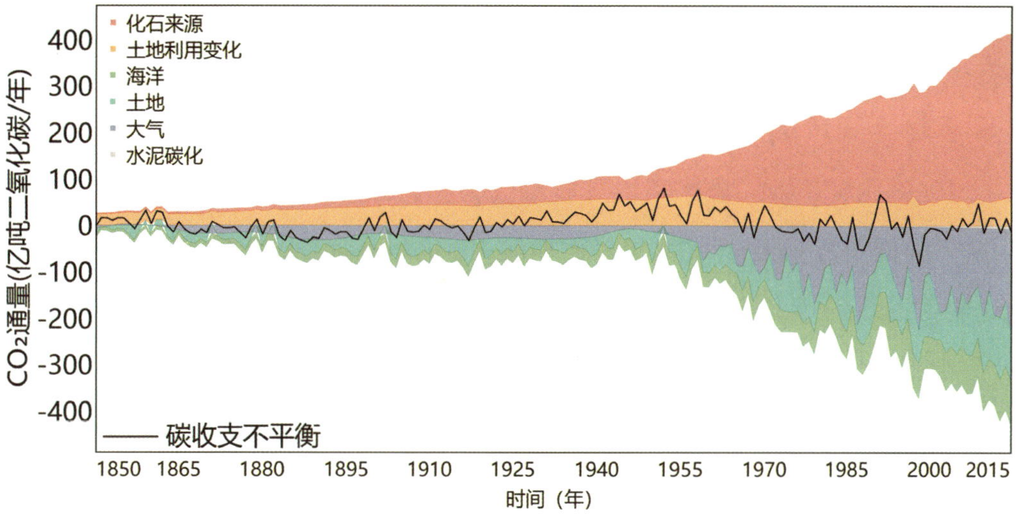


图 2.2 全球 1850—2015 年碳收支情况
数据来源：Friedlingstein et al.，2020

碳排放在过去几十年里增幅显著，是碳收支不平衡现象逐年加剧的关键因素。

近年来，全球及区域碳收支成为多方关注的热点议题。定量核算全球碳源与碳汇大小、分布以及变化趋势是以碳减排为主要目的气候变化谈判的科学基础之一，对构建公平合理的国际减排方案，从而实现碳中和至关重要。其中，对国家和区域碳源的核算是从根本上实现碳中和目标的重中之重。人类活动碳源来自于人类活动的碳排放，当前世界各国以及一些环保组织均致力于建立量化人类活动碳排放的数据清单。人类活动碳排放主要包含两种核算方法：第一种是核算直接碳排放（Kennedy et al.，2010），即针对本国拥有行政管辖权的国家领土和近海区域内直接产生的温室气体的排放量进行核算。这种方法是目前碳排放量化的标准方法，目前全球主要数据库公开的碳排放量均是基于这种方法进行核算的。然而，发达国家利用资本和技术优势，通过进口、外包等形式将碳排放量大的前端制造业转移至不发达地区，从而降低自身的直接碳排放，转嫁自身减排义务于较不发达地区。在此背景下，第二种基于消费端的碳排放核算方式应运而生（Davis et al，2010），该方法主要关注因本国消费活动造成的温室气体排放，从而有效反映了本国的实际活动水平和排放强度。

## （二）基于生产的碳核算

1960—1970 年，全球年均排放量仅为（113.67 ± 0.73）$\times 10^8$ t 二氧化碳，其中 3/4 的排放来自于欧洲和北美地区（Ciais et al.，2019）。之后的 60 年，全球人为活动碳排放量持续增长。到 2008—2017 年，年均排放量增长至（344.67 ± 1.83）$\times 10^8$ t 二氧化碳，相比 1960—1970 年翻了三倍，并且主要排放区域由欧美转移到东亚和南亚等发展中国家集中的地区（Ciais et al.，2019）。二氧化碳排放量的增长速率在过去几十年间也有变化，20 世纪 60 年代是二氧化碳排放量的快速增长期，年均增长率为 4.5%；到 20 世纪 90 年代，年均增长率突然放缓，下降至 1.0%（Le Quéré et al.，2018）；然而这种放缓并没有持续很久，2000 年之后，年均增长率又有大幅度提升；到 2010 年，年均增长率才开始逐渐平缓（Friedlingstein et al.，2020）（图 2.3）。

化石燃料作为全球碳排放的最大贡献者，主要包括煤炭、石油和天然气（Shan et al.，2018）。过去 60 年间，这三种化石燃料所带来的碳排放均大幅增加。除此之外，一些工业过程如水泥生产所产生的碳排放也在持续增长（图 2.3）。在过去几十年间，三种化石能源所占一次能源消费比例也发生了改变，由 2000 年之前的以石油为主，转变成 2000 年之后的以煤炭为主。从时间上来看，2000 年之后，中国经济快速发展且对煤炭高度依赖，这是全球煤炭消费量激增的主要原因，也正因为此，中国一跃成为全球最大的二氧化碳排放国。

针对各个国家和地区的区域性碳排放核算，对于全球碳预算分配具有重要意义。全球大气研究排放数据库（EDGAR）的数据显示，美国是世界上第二大的二氧化碳排放国。然而若对比历史累计，美国在 1970—2018 年的累计碳排放量高达 2 563 $\times 10^8$ t 二氧化碳，相比中国同一时期的累计碳排放量高 20%，是全球累积二氧化碳排放量最大的国家。进入 21 世纪，美国的

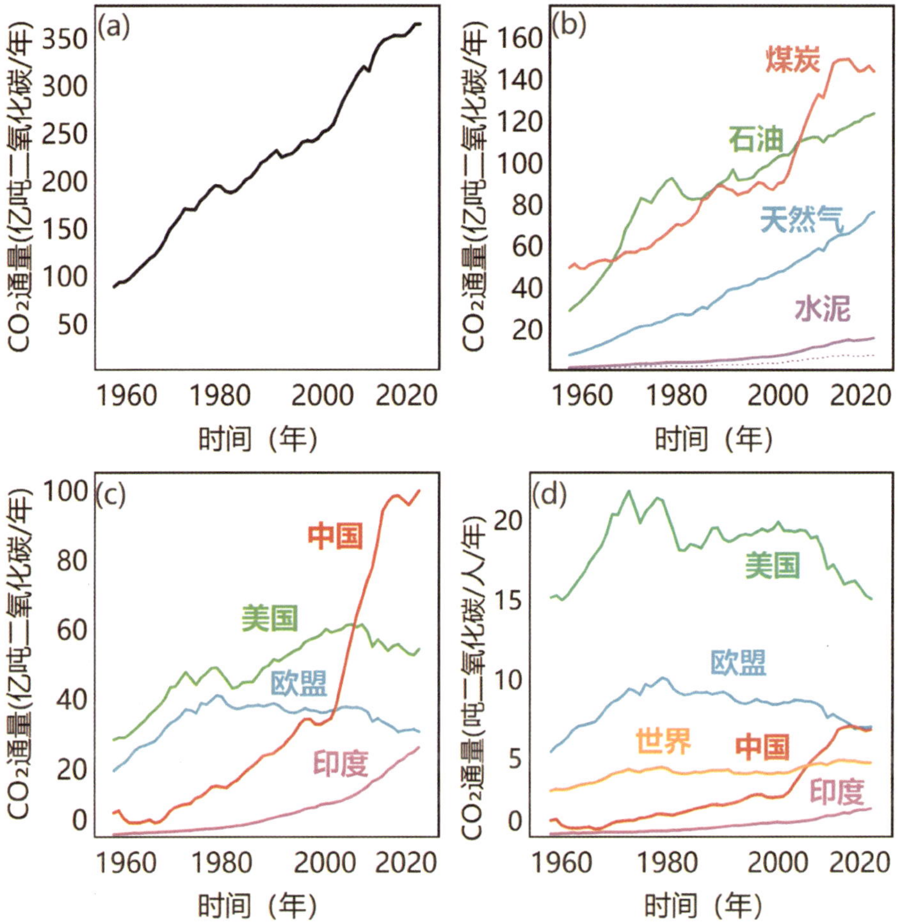


图 2.3 化石燃料燃烧二氧化碳排放量

（a）全球二氧化碳排放；（b）煤炭、石油、天然气、水泥和水泥生产除去水泥碳汇（虚线）的全球排放估计；（c）前三大排放国家（美国、中国、印度）和欧盟领土排放；（d）前三大排放国家（美国、中国、印度）、欧盟和全球的人均排放

数据来源：Friedlingstein et al.，2020

碳排放量相对稳定甚至呈波动下降的趋势，占全球碳排放总量的比例也从 1950 年的 42.46% 减少到 2008 年的 17.62%，然而美国的人均二氧化碳排放量一直远高于其他地区的人均二氧化碳排放量（Apergis et al.，2017）。

欧盟的二氧化碳排放量仅次于美国和中国，其中德国、英国、意大利、法国和西班牙位于全球碳排放总量的前 20 位。英国利用煤炭开启工业化进程，在工业革命初期曾是全球碳排放量最大的国家，随着煤炭消费比例在一次能源消费中占比逐渐降低，英国的碳排放总量逐年下降，到 2017 年已跌至全球第 20 位（EDGAR）。其他欧盟国家的碳排放量也总体呈下降趋势。欧盟整体而言，早期的工业革命带来了二氧化碳排放的峰值，之后受到全球金融危机的冲击，工业活动大量减少，2008—2013 年排放量急剧下降，2014—2018 年，排放量略有上升（Muntean et al.，2018），到 2019 年，由于可再生能源的增加和煤改气，欧盟排放量继续下降，其中能源相关碳排放量为 $29\times10^8$ t，比 2018 年减少 $1.6\times10^8$ t，降幅为 5%。电力行业碳排放量减少了 $1.2\times10^8$ t，降幅为 12%。但就人均碳排放量而言，欧盟仍高于世界平均水平。

印度作为世界第二大人口国，是全球第三大的二氧化碳排放国，在 2017 年贡献了全球全年二氧化碳排放总量的 7%（Le Quéré et al.，2018）。1996—2016 年，印度二氧化碳排放量约以年均 5% 的增长速度快速增长，仅在 2006—2016 年，碳排放量就增加了一倍。随着印度经济开始向城市化和工业化的道路发展，发电量以超过 6% 的年均增速增长，其中，约七成的电力由火力发电生产，煤炭所占能源供应比例较大，约为 44%，然而印度的人均碳排放量处于世界较低水平。

中国作为最大的发展中国家，是世界上最大的煤炭生产国和消费国，煤炭消费量占全球煤炭消费量的48%（IEA，2017），同时也是世界上最大的水泥生产国，水泥产量约占全球水泥产量的44%（Liu et al.，2015），因此，中国是目前世界上年碳排放量最大的国家。2012年，中国的碳排放总量已接近美国与欧洲碳排放总量的总和。从碳排放变化趋势来看，中国碳排放量受到经济快速增长的拉动作用，且在2000年之后增速最为显著；2008年，金融危机促使中国生产结构发生了巨大变化（Mi et al.，2017），经济进入新常态，转向结构稳增长，碳排放总量年平均增速放缓，约为3%。然而，由于发展程度、生产结构及城乡消费模式的差异，中国国内不同区域的排放特征存在着显著差异（Liu et al.，2012； Guan et al.，2014；Wiedenhofer et al.，2016）。不论是体量还是增长趋势，中国的碳排放都将对全球碳排放产生深远影响，因此成为全球开展碳减排和低碳发展的重点区域（Liu et al.，2013）。2019年6月发布的《中华人民共和国气候变化第三次国家信息通报》指出我国碳中和取得明显进展，例如，2016年森林蓄积量为163.72亿$m^3$，提前完成2020年目标，单位GDP碳排放相比去年下降40.7%，非化石能源占能源消费总量的比例达到13.3%。

中国碳排放主要来源于化石能源，特别是煤炭的消费以及工业生产过程（Liu et al.，2012；Liu，2016；Zhang et al.，2017），但由于数据来源、统计口径、排放因子和核算范围的不同，不同国际机构（CDIAC、EDGAR、GCP、CEADs、BP、IEA、EIA等）发布的核算结果存在较大差异，使得不同机构报告的中国碳排放总量存在差异（表2.1）。中国碳排放数据库CEADs开展了针对能源消费和水泥生产过程的二氧化碳排放量核算（Liu et al.，2015；Shan et al.，2018），与国家清单数据库较为一致（Liu et al.，2015）。《中华人民共和国气候变化第二次两年更新报告》显示2014年中国能源活动相关的二氧化碳排放为$89.3 \times 10^8$ t，CEADs的估算为$87.1 \times 10^8$ t，二者相差仅为2.5%且在彼此的不确定性范围之内。

## （三）基于消费的碳核算

基于消费的碳排放核算方法（也即碳足迹）指的是计算本国消费的产品和服务的整个产业链生产过程中的碳排放，不论其产生碳排放的过程是不是在本国范围内。例如，一个地区的碳足迹包括该地区外购电力的电力生产端的碳排放，尽管电力生产是发生在区域之外的。本国消费端的碳排放总量，等于本国的直接碳排放量减去本国用以出口到其他国家的产品生产过程中的碳排放量，加上本国进口其他国家产品在他国领土内生产过程中产生的碳排放量（Davis et al.，2010）。

表 2.1 中国国家信息通报与不同数据库（CDIAC、EDGAR、GCP、CEADs、BP、IEA、EIA 等）对中国 2000—2018 年二氧化碳排放的估算（单位：$10^8$t）

| 年份 | 基于生产端的排放核算<br>基于消费端的排放核算 | | | | | | | | | | | |
|---|---|---|---|---|---|---|---|---|---|---|---|---|
| | 包括能源活动和工业生产过程 | | 包括能源活动和水泥生产过程排放 | | | | 仅能源活动 | | | | | |
| | 国家信息通报 | EDGAR | CDIAC | EDGAR | GCP | CEADs | 国家信息通报 | BP | IEA | EIA | CEADs | GCP |
| 2000 | | 35.7 | 34.0 | 33.5 | 33.5 | 30.0 | | 33.6 | 31.0 | 35.2 | 28.3 | 29.6 |
| 2001 | | 37.6 | 34.9 | 35.3 | 34.3 | 32.5 | | 35.3 | 32.6 | 36.9 | 30.6 | 31.1 |
| 2002 | | 40.6 | 38.5 | 38.1 | 37.9 | 34.7 | | 38.5 | 35.1 | 39.6 | 32.6 | 33.6 |
| 2003 | | 47.0 | 45.4 | 44.3 | 44.6 | 40.9 | | 45.3 | 40.7 | 46.3 | 38.4 | 38.2 |
| 2004 | | 54.4 | 52.3 | 51.5 | 51.3 | 46.8 | | 53.4 | 47.4 | 53.8 | 44.0 | 43.3 |
| 2005 | 63.8 | 61.5 | 59.0 | 58.3 | 57.8 | 54.0 | 56.7 | 61.0 | 54.1 | 61.1 | 50.9 | 48.3 |
| 2006 | | 68.3 | 65.3 | 64.6 | 63.8 | 60.1 | | 66.8 | 59.6 | 67.4 | 56.5 | 51.7 |
| 2007 | | 75.1 | 67.0 | 70.9 | 68.7 | 65.5 | | 72.4 | 64.7 | 70.4 | 61.5 | 55.7 |
| 2008 | | 76.8 | 75.5 | 72.3 | 73.8 | 67.6 | | 73.8 | 66.7 | 75.0 | 63.5 | 59.9 |
| 2009 | | 82.1 | 75.6 | 77.3 | 77.6 | 73.3 | | 77.1 | 71.3 | 81.9 | 68.6 | 66.3 |
| 2010 | 87.0 | 89.6 | 87.8 | 84.7 | 85.1 | 79.0 | 76.2 | 81.4 | 78.3 | 87.8 | 73.6 | 72.4 |
| 2011 | | 98.5 | 97.3 | 93.2 | 94.0 | 87.4 | | 88.1 | 85.7 | 98.3 | 81.3 | 79.5 |
| 2012 | 98.8 | 100.7 | 100.3 | 94.9 | 96.4 | 90.8 | 86.9 | 89.9 | 88.2 | 103.6 | 84.5 | 82.0 |
| 2013 | | 105.2 | 102.6 | 99.0 | 98.0 | 95.3 | | 92.4 | 91.9 | 108.0 | 88.3 | 83.2 |
| 2014 | 102.6 | 106.1 | 102.9 | 99.8 | 98.3 | 94.4 | 89.3 | 92.2 | 91.3 | 107.0 | 87.1 | 83.2 |
| 2015 | | 105.5 | 101.4 | 99.3 | 97.2 | 92.7 | | 91.7 | 91.0 | 105.1 | 85.8 | 83.5 |
| 2016 | | 107.0 | 98.9 | 100.7 | 97.1 | 92.2 | | 91.2 | 90.6 | 105.0 | 85.2 | 84.7 |
| 2017 | | 108.1 | | 101.8 | 98.5 | 93.4 | | 92.3 | 92.6 | 104.2 | 86.6 | 85.5 |
| 2018 | | 109.7 | | 103.2 | 100.7 | | | 94.3 | | | | |

相比于基于生产的碳核算，基于消费的碳核算考虑了区域间贸易所引发的隐含碳导致的碳泄漏问题，因而被认为更具公平性（Peters et al.，2009）。碳泄漏是指发达国家的温室气体减排可能引发的发展中国家排放量增长，比如西方发达国家通过将产品前端污染密集的初级生产和制造外包到发展中国家，由此造成发展中国家额外的排放治理成本。除此之外，基于消费的碳核算有助于了解碳排放的贸易驱动因素，量化各国之间因商品贸易造成的排放转移（Peters et al.，2011； Lin et al.，2016）。例如，我国领土上产生的碳排放有相当一部分是隐含在出口商品中由国外消费的，这部分隐含碳排放即为发达国家向我国转移的碳排放。例如，基于消费端核算方法，美国的实际碳排放量增加，因而应当承担更多的减排任务（钟章奇等，2018）。综上，虽然基于消费的碳排放核算方法与基于生产的碳排放核算方法所得到的全球碳排放总量是相同的，但基于消费的碳排放核算有利于厘清世界各国碳排放的责任，从而在公平性原则的基础上制定科学减排措施和贸易政策联合应对气候变化。

直接碳排放与碳足迹的差异集中体现在国际贸易产品供应链环节。现有研究表明，全球超过两成的二氧化碳排放来自于国际贸易产品的生产及运输过程，并且主要隐含在中国或其他新兴市场的出口之中，然而这部分碳排放实际用于满足发达国家的消费需求（Meng et al.，2016；Mi et al.， 2018）。根据全球碳计划项目（Global Carbon Project，GCP）于 2019 年发布的《2018年全球碳预算》可知，在 2016 年，碳足迹最大的国家依次是中国（25%）、美国（16%）、欧盟（12%）和印度（6%）；直接碳排放最大的国家依次是中国（27%）、美国（15%）、欧盟（10%）和印度（7%）(Le Quéré et al.，2018)。如果碳足迹高于基于生产的碳核算，则表明该国为净进口国，如美国；反之则为净出口国，如中国。大多数发达国家的碳足迹大于其自身直接碳排放，并且碳足迹的增长速度超过其直接排放量 (Peters，et al.，2011；Chen et al.，2018)。瑞士、瑞典、奥地利、英国和法国等西方发达国家的碳足迹超过其自身直接碳排放的1/3，表明这些国家通过全球贸易规避了理应承担的碳减排责任。

## 二、人类活动源与自然源的碳排放

### （一）人类活动源碳排放

因人类活动产生的二氧化碳排放，可按其来源划分为四大类，即化石能源燃烧排放、土地利用变化排放、工业生产过程排放、生物质燃烧排放。

**1. 化石燃料燃烧**

化石燃料是古代植物或动物遗骸在沉积后，经过长期且复杂的变化而形成的碳氢化合物或其衍生物。常见的化石燃料有煤炭、石油和天然气，其他化石燃料种类还包括油页岩、油砂、可燃冰等。作为一种碳氢混合物，化石燃料在燃烧过程中与空气中的氧气发生反应，主要燃烧产物是二氧化碳和水。以煤炭、石油和天然气为主的化石燃料，已成为当前人类活动源碳排放的最主要来源。具体而言，由于储量大，开采难度较低，利用历史较长，煤炭一直是使用最广泛的化石燃料。随着空气污染、气候变化等问题得到重视，越来越多的国家开始走上“弃煤”之路，改用可再生能源来代替煤炭等化石能源的使用。特别是在电力行业，目前欧盟的化石燃料消费比重已降至40%以下。然而在中国和印度等发展中国家，当前仍需要依赖煤炭为主的化石燃料，化石燃料消费的比重占到国家能源消费总量的八成。石油容易开采，便于运输，并且作为现代工业中不可或缺的原料，被誉为“工业的血液”，被大规模用作燃料或石化产品原料。天然气因开采过程污染较少，燃烧产物仅为水和二氧化碳，并且不会有固体残渣生成，因此被认为是一种清洁能源。

人类使用化石燃料的历史由来已久。我国对煤炭的文字记载最早可追溯至春秋战国时代。在明代的《天工开物》一书中，已有专门的章节系统地描述了我国古代煤炭的开采技艺。中文的“石油”一词由宋代著名学者沈括创造，在其著作《梦溪笔谈》中记载：“鄜延境内有石油……此物后必大行于世，自予始为之。盖石油至多，生于地中无穷，不若松木有时而竭。”

近代对化石燃料的大规模使用，始于工业革命。18 世纪中叶开始了第一次工业革命，蒸汽机的发明标志着人类进入“蒸汽时代”，煤炭也成了主要的动力来源开始被大规模开采利用和广泛用于工业生产与交通运输中。到 19 世纪中叶的第二次工业革命，人类开始进入“电气时代”。随着世界近代石油工业的开启，内燃机的相继发明也点燃了人类对石油的需求。现代生活的方方面面仍然与化石燃料息息相关，主要是为了满足人类活动的生产二次能源、工业生产、居民消费等需求。特别是随着第二次世界大战后的全球经济复苏和人口增长，人类对化石燃料的需求进一步扩大。2019 年，全球煤炭产量已达 $81 \times 10^8$t，煤炭消费量约是 1965 年水平的 3 倍；全球原油开采量达 9 519 万桶，是 1965 年全球产量的近 3 倍；全球天然气消费量是 1965 年的 7 倍。当前，全球化石燃料消费量占全球能源消费总量的 80%（BP，2019）。

化石燃料的排放系数差异很大。首先，不同化石燃料具有不同的排放系数特性。煤炭的含碳量普遍高于石油和天然气，但其发热效率比石油和天然气低约 40%。其次，同一种类化石燃料的排放系数也有较大差异。以煤炭为例，常用煤化程度、灰分含量、发热效率等指标对煤炭进行分类。在中国，煤炭根据挥发分，将所有煤分类为褐煤、烟煤和无烟煤；煤炭的命名上，将煤炭划分为焦煤、气煤、贫煤、肥煤、瘦煤、弱黏煤、不黏煤和长焰煤等 8 类。不同煤种的排放系数也有很大差异。根据 IPCC 的缺省净热值（单位燃料所产生的净热值），褐煤仅为每吨 $119 \times 10^8$J，而炼焦煤的缺省净热值高达每吨 $282 \times 10^8$J。另外，同一煤种的排放系数也会因为地域的不同而有显著的差异。例如，印度本土开采的炼焦煤的净热值约为每吨 $240 \times 10^8$J，而印度从澳大利亚、印度尼西亚等地进口的优质炼焦煤的净热值可达每吨（270 ~ 280）$\times 10^8$J。

化石燃料的大规模使用也带来了严峻的环境问题，不仅加剧了温室效应，而且造成了空气污染。一方面，化石燃料的燃烧产生了大量的二氧化碳排放。自工业革命以来，人类因燃烧化石燃料已向大气中排放超过 $1.5 \times 10^{12}$t 二氧化碳，是导致大气中二氧化碳浓度剧增、引发温室效应和全球变暖的主要原因。另一方面，化石燃料还含有硫和含氮化合物等杂质，燃烧后将分别产生二氧化硫（$SO_2$）和氮氧化物（$NO_x$）等大气污染物。此外，化石燃料的不充分燃烧，还会产生黑烟、粉尘和可吸入颗粒物，甚至产生一氧化碳（CO）等有毒气体。这些大气污染物对人体健康有较大的影响。据估计，2018 年全球有 800 多万人死于化石燃料污染（Vohra et al.，2021）。化石燃料中还含有重金属，经燃烧后排放到空气中，危害人类健康。例如，燃煤电厂贡献了全球超过 13% 的大气汞排放；而中国“十二五”期间燃煤电厂改造减少了 24t 汞排放，避免了 30 485 点智商损失和 114 例心脏病死亡（Li et al.，2020）。

此外，化石能源的开采过程也造成了严重的环境影响。除了化石燃料的燃烧过程释放了大量的二氧化碳外，化石燃料的开采和运输过程也会逸散出二氧化碳（$CO_2$）和甲烷（$CH_4$）等温室气体。据估算，各类温室气体逸散排放约占能源相关排放总量的 8%。

**2. 土地利用变化**

土地利用变化指不同土地利用类型之间（常见的土地利用类型包括林地、草地、耕地、湿地、建设用地等），由于人类土地利用方式的改变而转变的过程。土地利用变化可根据土地利用类型变化的程度，划分为土地利用转变和土地利用渐变。土地利用转变是指由一种土地利用类型转变为另一种土地利用类型。例如，城市化进程、农田征用等，属于其他土地利用类型向建设用地转变；退耕还林、退耕还草等，属于土地利用类型从耕地向林地、草地转变。土地利用渐变是指不发生土地利用类型变化的情况下，土地利用单元发生面积缩小、覆被类型变化等情况。土地利用渐变在累积到一定程度后，可能导致土地利用转变。土地利用对陆地碳储量的影响，主要是由土地单元中土壤有机碳和地上植被碳储量的变化决定的。

土地利用变化主要是通过对土壤中有机碳的含量和分布，以及对植被碳储量产生直接或间接的影响和扰动，如土地利用方式改变、土地利用方式不合理、土地管理方式变化等，导致土壤中的碳素或在植被中储存的碳释放到大气中。例如，林地、草地在开垦为耕地的过程中，土地单元内的地表植被遭到破坏，被砍伐的树木被加工成木材产品或是作为生物质被燃烧，土壤中原本被固定的有机碳也因植被破坏和耕作翻地而被释放。特别是在巴西、印度尼西亚等热带国家，目前还保留有“刀耕火种”的传统耕作模式——通过烧毁热带雨林获得大片耕地，并利用草木灰作为肥料。但是这种粗暴的毁林方式将造成巨大的碳排放。据估算，热带地区因毁林导致的年排放量约为 $30\times10^8$t 二氧化碳（Harris et al.，2012），约占全球人类活动碳排放量的 10%。核算土地利用变化导致的碳排放量，一般是对每一类土地分别评估其生物量、枯落物、枯死木和土壤有机碳的碳储量变化。综合考虑所有土地利用类型变化，1850—1998 年，全球因人类活动的土地利用变化造成的碳排放量约为 $5\,000\times10^8$t 二氧化碳（Bolin et al.，2000），相当于同时期人类活动化石燃料燃烧和水泥生产过程碳排放量的一半。近几十年来，由于快速的城市化进程和经济发展，中国的土地利用类型发生了巨大的变化。1990—2010 年，我国草原面积减少了 7%，耕地和森林增加了约 1%，而城市建设用地增加了 44%，土壤中有机碳和植被的储存碳以年均 $1\times10^8$t 二氧化碳的速度被释放到大气之中。

此外，在土地利用类型没有改变的情况下，土地管理方式等人类活动也会造成碳排放。例如，森林的管理活动中，木材采伐和柴火收集直接导致了森林碳储量的减少，而未能有效控制野火和病虫害也会导致森林生物量减少（Apps et al.，2013）；在耕地的管理活动中，翻耕强度和施肥量都会导致土壤中有机碳储量的变化（张婷等，2013）。据估计，中国1990—2010年，因土地管理方式导致的碳排放量约为每年 $5 \times 10^8$t 二氧化碳（赖力等，2016）。

### 3. 工业生产过程

工业生产过程的碳排放，指为生产非金属矿物产品（如水泥、石灰、苏打等）、金属产品（如铁、铝、铜等）和化工产品（如氨气、电石等）的工业原料中的碳元素，在加工过程中发生物理化学反应而生成二氧化碳的过程。不同工业生产过程产生二氧化碳的原理不同，主要来源包括碳酸盐工业原料的分解反应（常见于非金属矿物工业）、化石燃料作为还原剂或催化剂（常见于金属冶炼工业和化工行业）、化石燃料直接进行加工生产的过程中发生氧化反应产生二氧化碳（常见于石化工业）。

水泥生产过程是二氧化碳排放量最大的工业生产过程。2019年，全球水泥生产过程中的碳排放量约占全球二氧化碳排放总量的4%（Friedlingstein et al.，2020）。石灰石（$CaCO_3$）是水泥生产最主要的原料，水泥生产过程是将石灰石和黏土按一定比例掺和磨细得到生料，再经高温煅烧后形成水泥熟料，熟料再与其他添加剂按一定比例掺和磨细后，最终得到水泥。水泥生产过程中的二氧化碳排放主要来源于水泥生料中的碳酸盐。水泥原料中的石灰石和少量碳酸镁（$MgCO_3$）在高温煅烧下发生分解反应，排放出二氧化碳（方程2.1）：

$$CaCO_3 \xlongequal{\text{高温}} CaO + CO_2\uparrow \tag{2.1}$$

在金属冶炼工业中，煤和焦炭通常被作为还原剂来提纯金属矿石。如钢铁工业中，高炉炼铁的生产工艺是将铁矿石和焦炭同时放入高炉，由焦炭提供高温并产生一氧化碳作为还原剂，将各类铁矿石中的氧原子还原，得到高纯度的生铁。常见的铁矿石有赤铁矿（$Fe_2O_3$）、黄铁矿（$FeS_2$）、菱铁矿（$FeCO_3$）和磁铁矿（$Fe_3O_4$）等。在还原过程中，一氧化碳与铁矿石中的氧原子结合生成二氧化碳，其化学反应式为（以赤铁矿为例，方程2.2）：

$$Fe_2O_3 + 3CO \xlongequal{高温} 2Fe + 3CO_2 \quad (2.2)$$

化工产品生产过程中的二氧化碳排放的来源不一。例如，在电石（碳化钙 $CaC_2$）的生产过程中，首先高温煅烧石灰石，产生氧化钙（CaO）和二氧化碳，然后用石油焦等还原氧化钙，形成碳化钙、一氧化碳和二氧化碳。而在石油化工工业中，天然气等化石燃料或石油精等石油提炼产品直接被用作原料，生产出甲醇、乙烯、丙烯、二氯乙烯和丙烯腈等石化产品，其原料中的碳原子在生产过程中经过变换反应或氧化反应产生二氧化碳。

工业生产过程中的碳排放量未得到足够的重视和研究。目前对全球尺度的工业生产过程碳排放核算，受到数据的限制，通常仅限于对水泥生产过程开展核算。而在国家级的温室气体排放清单中，已对非金属矿物制品、化学工业、金属冶炼等主要工业生产过程碳排放开展核算。作为全世界最大的水泥和钢铁生产国，中国的钢铁和水泥产量约占全球产量的一半。2016 年，中国的工业生产过程排放量约占全国总二氧化碳排放量的 15%(生态环境部，2018），相当于日本（全球第六大排放体）的年排放量。其中，中国的水泥生产过程中的排放约为全国二氧化碳排放量的 8%（Shan et al.，2020），钢铁生产过程中的排放约为全国的 3%(生态环境部，2018)。除了水泥和钢铁外，其他 10 种主要工业产品（石灰、平板玻璃、氨、电石、纯碱、乙烯、铁合金、氧化铝、铅、锌等）的生产过程中的碳排放量约为全国二氧化碳排放量的 5%（Cui et al.， 2019）。

### 4. 生物质燃烧

生物质能是指由植物、动物粪便和各类有机废物转化而成的能源。常见的生物质燃料包括木材及木材废弃物、秸秆等农林废弃物、黑液、填埋气体、沼气、废弃有机物、生物汽油、生物柴油、醇基燃料等。与化石燃料相比较，生物质燃料没有经过复杂的地质作用，而是生物质被直接或间接（经转化后）地被用作燃料。各类生物质燃烧（包括人类活动和自然界的生物质燃烧）的碳排放量约占全球排放量的 18%（Tripathi et al.， 2020）。

传统的生物质燃料如木材及木材废弃物、秸秆等，曾在农耕文明时期或是在当前的部分农村地区扮演着重要角色，是农村家庭能源的主要来源。然而，传统的生物质燃料属于高排放、高污染燃料。木材及木材废弃物的发热效率低，其净发热值（燃烧单位重量燃料所产生的热量）约为天然气的1/3；但木材及木材废弃物的单位碳排放量高，其碳含量（单位净发热量所含碳）是天然气的两倍。此外，传统的生物质燃烧还会带来严重的空气污染。例如，在焚烧秸秆时，将形成烟雾降低空气能见度，并排放出二氧化硫、二氧化氮和可吸入颗粒物等污染物，危害人体健康。现代生物质燃料如醇基燃料等，具有清洁、可再生的特点。但是，醇基燃料（如乙醇燃料）的生产仍受到技术发展的制约，同时大规模生产乙醇燃料还会增加对粮食作物的需求、推高粮食价格。并且，为满足乙醇燃料生产需求而增产粮食作物，还可能导致农业资源（如能源和水资源）的进一步浪费。

## （二）自然系统的碳排放

自然系统的碳排放是指自然界（陆地和海洋）本身存在的在未经人类活动干扰的情况下向大气排放二氧化碳的过程，包括野火、火山喷发等引起的碳排放和内陆水域的碳排放。自然系统的碳排放同样会引起大气中二氧化碳浓度的升高（McGonigle et al.，2008；Bowman et al.，2009；Raymond et al.，2013）。在未经人类活动干扰的状态下，自然系统的碳排放通常排放量较小，且在自然系统的调节范围内。

野火是指不受人为计划和控制的，发生在森林、灌木、草原等不同陆地生态系统的大火。在野火发生的过程中，陆地植物中的碳因燃烧而分解成二氧化碳并释放到大气中。此外，燃烧过后的植物因为已经死亡，失去正常的碳吸收能力，其残余有机碳会进一步被分解成二氧化碳并进入大气中，进一步导致大气中二氧化碳浓度的升高。20 世纪 80 年代以来，科研工作者开始采用卫星观测全球的野火发生情况，并进一步估计野火产生的碳排放量

（Bowman et al.，2009）。

火山爆发同样会导致二氧化碳排放到大气中。由于火山熔浆的高温高压状态，在其喷发到大气中后，熔浆中的二氧化碳会溢出，从而导致大气中二氧化碳浓度的升高。科学家通常采用遥感、二氧化碳激光雷达系统、无人机飞行监测等方法估算火山爆发的碳排放量（McGonigle et al.，2008）。

内陆水域也是重要的自然系统碳排放源。内陆水域包括河流、湖泊等。水域中的二氧化碳分压普遍高于大气中的二氧化碳分压，导致内陆水域中的二氧化碳会自然逸出排放到大气中，导致大气中二氧化碳浓度的升高。科学家通常采用实地采样、遥感等方法来估算内陆水域的碳排放量（Raymond et al.，2013）。

## 三、自然系统碳汇及人工增汇措施

### （一）自然系统的碳汇

自然系统的碳汇是指自然界（陆地和海洋）吸收大气中的二氧化碳并固定下来形成稳定含碳物质，从而实现大气中二氧化碳浓度下降的过程（Falkowski et al.，2000）。这个过程主要依赖陆地生态系统植被的光合作用和海洋对二氧化碳的吸收溶解。绿色植被的光合作用可以在短时间内吸收大量的二氧化碳，对于快速降低大气中的二氧化碳浓度有重要作用。但是植被光合作用形成的有机碳也容易被呼吸作用等过程分解，导致大部分吸收的二氧化碳又重新回到大气中。海洋的碳汇能力虽然不及陆地生态系统，但是其储碳周期长，可以实现二氧化碳的长时间封存。

**1. 陆地生态系统的碳汇**

光合作用是陆地生态系统碳汇的主要途径。在光合作用的过程中，绿色植物和藻类通过吸收光能，把二氧化碳和水合成富能有机物，同时释放氧气

（方程 2.3）。根据植物群落生长类型和生存环境的特点，陆地生态系统可以分为森林生态系统、草原生态系统、荒漠生态系统、湿地生态系统以及受人工干预的农田生态系统，其中完成光合作用任务的主要是各种草本或木本植物等第一性生产者。森林生态系统的结构最复杂，生物种类最多，碳吸收能力最高，而荒漠生态系统的碳吸收能力最低。

$$CO_2 + H_2O \rightarrow (CH_2O) + O_2 \qquad (2.3)$$

科学家通常采用样方法、通量塔观测、遥感、大气反演和动态全球植被模型等方法来核算陆地生态系统的碳汇量（Piao et al.，2009；Jiang et al.，2013；Yu et al.，2013；Liu et al.，2015；Fang et al.，2018）。样方法需要科研工作者前往不同类型的陆地生态系统，采用统一的勘测手段和采样标准对植物的茎、枝、叶、根等进行采样，同时也需要采集样方里不同深度的土壤样品，运至实验室进行碳分析。通过多年的实地观测，科研界已经可以准确记录并得到样方里各种生物和土壤碳库存的变化量，从而估算出陆地生态系统吸收的二氧化碳量。进行通量塔观测首先需要在各种类型的陆地生态系统里搭建通量塔。通量塔可以实时监测生态系统与大气中的二氧化碳交换量，从而计算出陆地生态系统的碳汇。遥感主要借助卫星对陆地植被生物量进行监测，通过建立生物量与碳汇量的关系，推算出陆地生态系统的碳汇量。大气反演主要根据全球的二氧化碳浓度监测站，实时监测大气中二氧化碳的浓度，根据二氧化碳排放量等先验数据实现对二氧化碳吸收量的估计。动态全球植被模型通过构建物理和化学的过程模型来模拟陆地生态系统的碳循环过程。由于陆地生态系统的碳汇受到二氧化碳浓度和气候的影响较大，科学家们采用这两类数据来驱动动态全球植被模型，从而计算出陆地生态系统的碳汇量。

据估计，陆地生态系统每年吸收 $125 \times 10^8$t 二氧化碳，可以抵消全球每年 31% 的二氧化碳排放量（Friedlingstein et al.，2020）。由于全球的陆地主要集中在北半球，陆地生态系统的碳汇量主要受北半球的季节变化的影响。

在北半球的春夏季节，日照时间长，温度高，降水量大，植被的光合作用较强，陆地生态系统的碳汇量较高；秋冬季节则完全相反，同时受落叶、植被死亡的影响，陆地生态系统的碳汇量较低。随着大气中二氧化碳浓度升高，全球气候变暖加剧，陆地生态系统的碳吸收能力也受到促进和抑制两种相反的机制影响。二氧化碳浓度的升高会给植被带来施肥效应，促进二氧化碳的吸收。但是全球变暖，极端性天气的频发，野火的增加可能导致陆地生态系统的碳吸收能力降低。

**2. 海洋系统的碳汇**

海洋系统的碳汇主要依靠海洋对大气中二氧化碳气体的溶解吸收（非生物过程）。当大气中的二氧化碳分压高于海洋中的二氧化碳分压，大气中的二氧化碳会扩散进入海洋，海洋溶解吸收二氧化碳；当海洋中的二氧化碳分压高于大气中的二氧化碳分压，海洋则成为碳源。同时，海洋中的浮游植物等生物也可以通过光合作用（生物过程）吸收和固定大气中的二氧化碳。海洋中吸收或转化二氧化碳的生物或非生物过程，会把溶解到海洋中的二氧化碳进行转化和固定，促进海洋的碳吸收过程（Falkowski et al.，2000）。

科学家通常采用走航监测、遥感和海洋生物地球化学模型等方法计算海洋系统的碳汇。走航监测主要通过在各大海域航行观测，实地监测海水的物理和化学性质、大气和海水的二氧化碳分压等参数，实现海洋系统碳汇的估算。遥感主要通过卫星观测全球海洋的盐度、温度、海表风速等物理和化学性质，进一步估算大气和海水中的二氧化碳分压，从而计算出海洋系统的碳汇量。海洋生物地球化学模型通过构建物理和化学的过程模型来模拟海洋系统的碳循环过程。与动态全球植被模型相似，海洋生物地球化学模型同样通过二氧化碳浓度和气候数据来驱动，从而计算出海洋系统的碳汇量。

海洋系统每年吸收 $92 \times 10^8$t 的二氧化碳，可以抵消全球每年二氧化碳排放量的23%（Friedlingstein et al., 2020）。同时，海洋是地球上最大的活跃碳库，是陆地碳库的20倍、大气碳库的50倍。相较于陆地碳库，海洋碳库的稳定性很强，海洋的储碳周期可长达数千年，主要储存在海洋生态系统中或是掩埋在海底，甚至进入地壳层。

在稳定气候条件下，海洋的碳吸收能力受季节变化和人为的影响较少，因此其碳汇量常年稳定。然而在近代，尤其是工业革命以来，随着大气中二氧化碳浓度的不断升高，大气中的二氧化碳分压普遍高于海洋中的二氧化碳分压。大气中的二氧化碳因此持续加速扩散进入海洋，海洋系统的碳汇量不断增加。与此同时，随着气候变化带来的全球温度升高，海洋温度也随之上升。海洋温度的升高也会影响海洋的二氧化碳溶解度、吸收和固定二氧化碳的生物与非生物过程，可能出现碳汇量减少的情况。

海洋碳汇相关研究非常活跃，值得一提的是，中国科学家提出了“海洋微生物碳泵”（Microbial Carbon Pump，MCP）理论，表明海洋中的微生物具有转化有机碳、生成惰性溶解有机碳（RDOC）的储碳机制（Jiao et al., 2010）。MCP 理论 突破了经典理论中依赖颗粒有机碳沉降和埋藏的经典理论，解开了储存于海洋水体中巨大溶解有机碳库的成因之谜，被美国《科学》（Science）杂志 评论为“巨大碳库的幕后推手”（Stone et al.， 2010）。

## （二）人为增加碳汇的措施

在全球变暖日益严重的危机下，人为增加碳汇是应对气候变化的重要途径之一。人为增加碳汇的方法主要有人为干预自然系统以增强自然碳汇，以及碳捕获、利用与封存等人为固碳技术。

**1. 人为干预自然系统增汇**

通过人为干预自然系统，可以增强自然系统碳吸收的能力，从而实现人为增加碳汇。陆地上开展的植树造林、退耕还林等工程，海洋上开展的海水养殖、海洋生态环境改善工程都是人为干预自然系统实现增加碳汇的措施。

（1）植树造林：植树造林是指新造或更新森林的生成活动，是培育森林的一个基本环节。种植面积较大且将来能形成森林和森林环境的，则称为造林。种植面积较小，将来不能形成森林和森林环境的，则称为植树。森林生态系统是陆地上碳吸收能力最大的生态系统，每年能抵消大量的人为碳排放，具有显著的碳效益。自 20 世纪 70 年代末开始，中国政府开始实施大规模植树造林工程，以应对日益严重的环境灾害、保护人类健康和保障长期环境安全。植树造林工程自实施以来，已经带来了巨大的环境效益，也显著增加了中国的陆地碳汇。除了在抵减工业碳排放增长方面的贡献外，植树造林工程产生的碳汇还可以产生市场价值，同时也可以促进林业、旅游业等产业的快速发展 (Lu et al.，2018)。

（2）退耕还林：退耕还林是指从保护和改善生态环境出发，将易造成水土流失的坡耕地有计划、有步骤地停止耕种，按照适地适树的原则，因地制宜地恢复植被，在适宜的环境进一步植树造林。在历史上，盲目毁林开垦和进行陡坡地、沙化地耕种等不科学的土地利用方式，造成了我国严重的水土流失和风沙危害。洪涝、干旱、沙尘暴等自然灾害曾频频发生，人民群众的生产、生活受到严重影响，国家的生态安全受到严重威胁。毁林开垦还破坏了当地植被的碳吸收能力，也进一步导致土壤储存的碳分解释放二氧化碳到大气中。因此，大规模生态修复工程不仅有利于对抗水土流失，减风降沙，改善环境质量，更有助于增强碳储存。退耕还林可以增强土壤的碳储量，增强生态系统的碳吸收能力（Lu et al.，2018）。

（3）森林管理：在森林生态系统中，不同的林木结构和植被类型的固碳能力有所差异。混交林往往具有更好的固碳效益。森林管理是指改善林分结构，将纯林改造为混交林。同时，不同树种之间固碳能力不相同。选择固碳能力强的造林树种，可以增强森林的固碳能力。不同造林树种的固碳能力存在差异，适当的管理措施（施肥结合中度采伐）相比传统的管理方式（不施肥结合低强度采伐）能提高森林的土壤有机碳储量，但施肥结合高强度采伐则会降低土壤有机碳储量。适当保留采伐剩余物，可以促进森林生长，提高生态系统碳储量。此外，人工用材林的种植密度、轮伐周期以及采伐方式，都会影响其固碳能力。因此，科学合理地对森林进行人为干预和管理，有助于提高森林生态系统的碳汇能力，增加其碳汇量。

（4）实施陆海统筹负排放生态工程：在历史上，陆地淡水生态系统因富营养化曾带来不同程度的生态污染、水生物死亡等问题。同时，水体富营养化也造成了大量的碳排放。陆海统筹负排放生态工程是指合理减少农田的氮、磷等无机化肥用量，进而减少河流营养盐排放量，缓解近海富营养化。在提升水生植物光合作用强度，使其固碳量保持较高水平的同时，减少有机碳的呼吸消耗，提高惰性转化效率，使得总碳储量达到最大化。历史上陆源营养盐曾长期大量输入近海，不仅导致近海环境富营养化、引发赤潮等生态灾害，而且使得海水中的有机碳难以保存。陆源输入的有机碳大部分都在河口和近海被转化成二氧化碳 释放到大气中，导致这部分海洋生态系统中原本固碳能力最高的海区反而成为二氧化碳的排放源。

相应地，近海储碳的评价体系也需要建立和进一步完善。在储碳指标中不仅要考虑沉积埋葬的有机碳，而且要纳入惰性溶解有机碳的考量。将大气中的二氧化碳转化成惰性溶解有机碳不仅可以增加近海碳汇，而且这部分被固定的惰性溶解有机碳非常稳定，也可随海流输出到外海。如果到达深海则可实现长期储碳——深海惰性溶解有机碳可储存4 000 ~ 6 000年。

**2. 碳捕获、利用与封存**

碳捕获、利用与封存（CCUS）技术主要通过人为过程将二氧化碳从排放源中分离，并对其进行直接利用或封存。该技术的广泛使用可以大量减少被排放到大气中的二氧化碳（此类技术也常与碳排放进行对应表述，被称为负排放技术）。相关研究认为，这种技术是未来大规模减少温室气体排放最经济、可行的方法。在二氧化碳捕集与封存（CCS）的基础上，碳捕获、利用与封存（CCUS）增加了“利用”（Utilization）。利用被捕获的二氧化碳这一理念是在中国的大力倡导下，随着 CCS 技术的发展，对 CCS 技术认识的不断深化形成的，目前已经获得国际社会的普遍认可。IPCC 第五次评估报告中进一步强调了生物质能源技术和 CCUS 技术结合的新型 CCUS 技术—— BECCS（Bioenergy with Carbon Capture and Storage），即生物能碳捕获与封存，指把碳收集及储存技术安装在生物加工行业或生物燃料的发电厂。报告提出，这项技术应当作为负排放的重要技术。此项技术近年逐渐受到越来越多的关注（蔡博峰等，2020）。

碳捕集技术的应用主要集中在煤化工行业，其次为火电行业等，通过人为过程将煤化工生成和火力发电产生的二氧化碳从排放源中分离，并对其进行直接利用或封存。中国的碳捕集技术已经比较成熟，在地质利用和封存等若干核心技术方面也取得重大突破（蔡博峰等，2020）。中国在 CCUS 市场化进程中也已走在国际前沿。例如，中国的二氧化碳驱油技术，即通过把二氧化碳注入油层中以提高油田采油率的技术,已经进入商业化应用初期阶段。不过在当前，中国在 CCUS 应用方面与国际社会面临着共同的难题，即经济成本依然是制约 CCUS 发展的重要因素。具体而言，在 CCUS 捕集、输送、利用与封存环节中，捕集是能耗和成本最高的环节。中国当前的低浓度二氧化碳捕集成本为每吨 300 ~ 900 元，罐车运输成本约为每吨每公里 0.9 ~ 1.4 元（蔡博峰等，2020）。驱油封存技术因技术水平、油藏条件、气源来源、源汇距离等不同，成本差异较大。碳利用技术，比如驱油封存技术，可以通过提高石油采收率的方式，有效补偿 CCUS 的成本。原油价格在每桶 70 美元的水平，基本就可以通过所采原油平衡 CCUS 驱油封存的成本。

相对于中国的二氧化碳排放量和减排需求，当前 CCUS 技术的减排贡献仍然很低(年封存量约为年排放量的万分之一)，难以满足中国低碳发展的迫切需求。尽快建立较为全面的 CCUS 技术的发展政策环境，进一步推动 CCUS 技术的研发和应用，推动中国 CCUS 技术的健康发展，是实现中国碳达峰和碳中和目标的必要途径之一（蔡博峰等，2020）。

# 第三章

## 中国碳排放的现状、趋势与驱动因素

# 一、中国碳排放的现状与趋势

## （一）中国碳排放总量巨大

中国是全球人口最多的国家和最大的发展中国家，改革开放以来，在快速的城市化和工业化进程之中，中国的能源消费量与碳排放量快速增长。中国也在 2010 年国内生产总值（GDP）超过日本，成为全球第二大经济体。在 2007 年，中国的碳排放量已超过美国，跃居全球第一，2010 年中国一次能源消费量占全球的 25%，2011 年中国成为全球第一大化石能源消费国（Guan et al.，2012）。2012 年中国的碳排放量超过美国和欧洲之和（Guan et al.，2018）。2000 年中国碳排放量为 $34\times10^8$t 二氧化碳，占全球的 14%； 2019 年中国碳排放量达到 $95\times10^8$t 二氧化碳，占到全球的 29%。相较于美国，2019 年美国碳排放量占全球的 14.5%，是美国的两倍多（BP，2021）（图 3.1）。根据中国碳核算数据库（China Emission Accounts and Datasets， CEADs）部门法核算的估计，以及根据中国国家统计局 2019 年和 2020 年的碳排放强度推测，2000—2020 年，中国的碳排放量从 $30\times10^8$t 二氧化碳增加到了 $99.4\times10^8$t 二氧化碳（Shan et al.，2016；中国国家统计局，2019—2020；Shan et al.，2020），增加了 2.3 倍（图 3.2）。

## （二）中国碳排放历史增长迅速，近期增速减缓

在 1970 年前，中国的总碳排放量少于 $9\times10^8$t 二氧化碳，人均碳排放量只有世界人均水平的 1/4（Gilfillan et al.，2020）。但是，自从中国 20 世纪 70 年代进行改革开放，尤其是 2000 年加入世界贸易组织（WTO），中国的碳排放量随着经济的蓬勃增长而增长。中国的碳排放量在 70 年代增加了 6%，在 80 年代增加了 4%，在 90 年代增加了 4%，在 2000 年增加了 10%，在

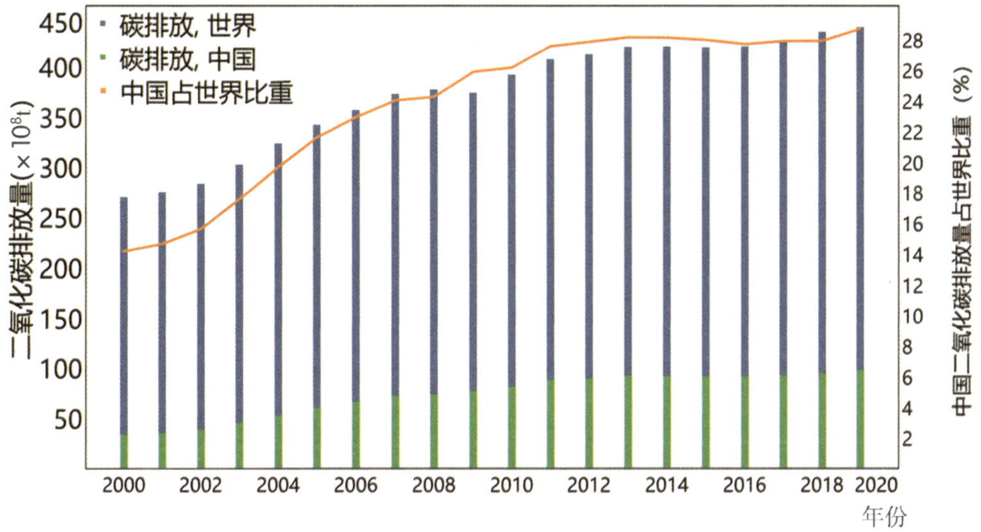


图 3.1 2000—2019 年世界、中国二氧化碳排放量和中国排放量占世界的比重

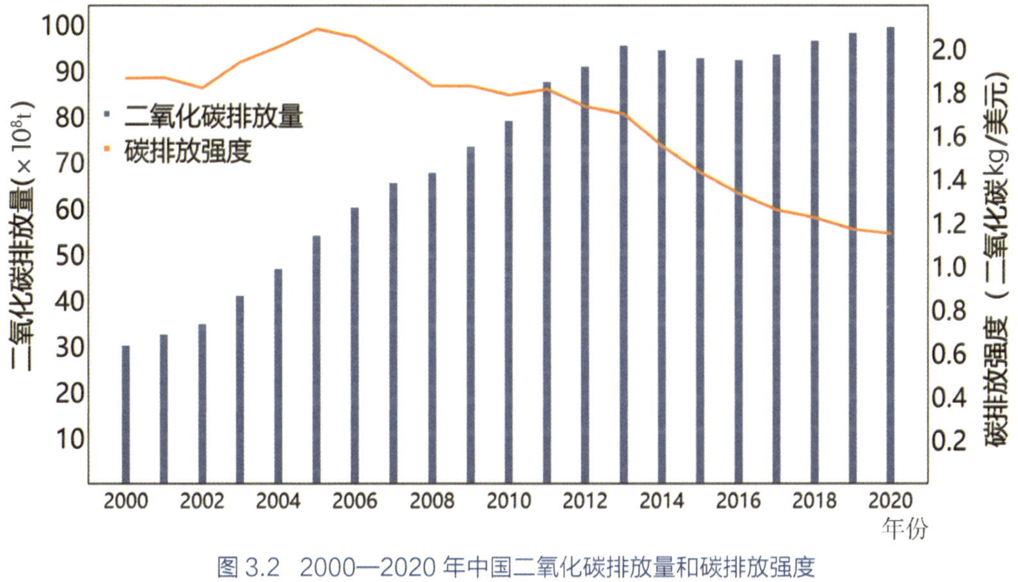


图 3.2 2000—2020 年中国二氧化碳排放量和碳排放强度

2010 年增加了 2%，与此同时中国的 GDP 分别增加了 6%、9%、10%、11% 和 7%（Friedlingstein et al.，2020）。中国碳排放量在 2000—2013 年快速增长，期间二增加了 2.2 倍（图 3.3）。2007 年中国碳排放总量与美国相当，而 2011 年中国的能源消费碳排放总量已经相当于美国能源碳消费排放总量的 150%。但是 2014—2016 年的碳排放量出现短暂下降（图 3.3），这主要

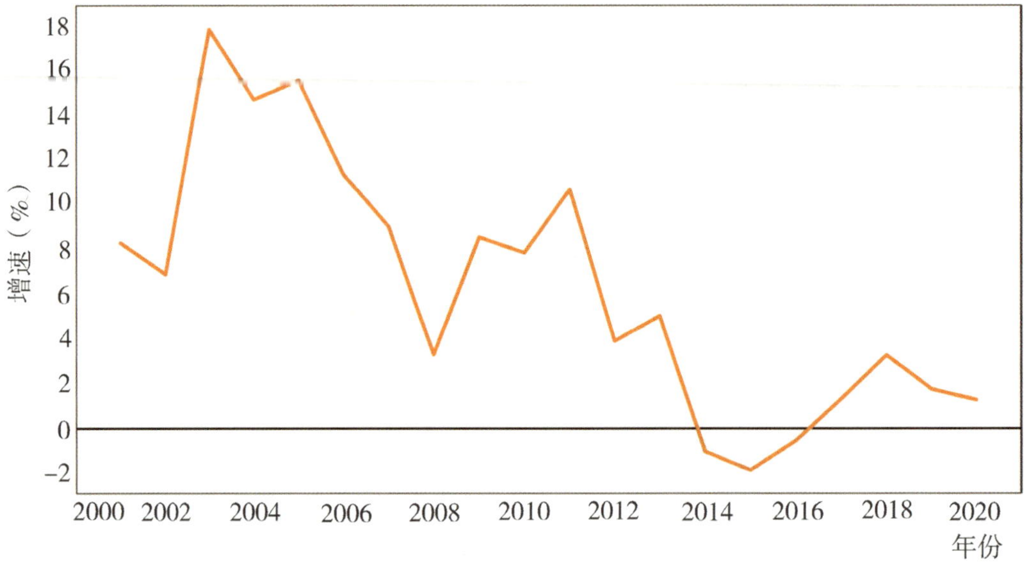


图 3.3　2000—2020 年中国二氧化碳排放量逐年增速

得益于中国在能源结构方面的调整，比如在全国范围内淘汰低效率的煤电厂，使得煤炭消费总量出现了下降，此后碳排放量出现反弹。2020 年受新冠肺炎（COVID-19）疫情的影响，与 2019 年同期相比，1 月 23 日至 4 月 8 日封城期间，中国碳排放量同比下降了 11.36%（Liu et al.，2020）。但是在封城隔离解除后，中国碳排放水平快速恢复至 2019 年同期水平（Le Quéré et al.，2020；Liu et al.，2020）。

## （三）中国碳排放强度高，化石能源占排放比重大

碳排放强度是衡量经济与碳排放量关系的重要指标。该指标指的是每单位国民生产总值（GDP）的增长所带来的二氧化碳排放量。从碳排放强度看，虽然中国目前的碳排放量处于增长的趋势，但是碳排放强度呈现逐年下降的趋势。2000 年中国的碳排放强度为 1.9kg 二氧化碳 / 美元（GDP 以 2015 年为基期，人民币兑美元的汇率以 2015 年为基准，以下提到的碳排放强度的单位与此处相同），2020 年为 1.2kg 二氧化碳 / 美元。2000—2020 年，中国碳排放强度下降了 36.8%（图 3.2），在一定程度上反映了中国经济的低碳

化趋势。

中国能源消费结构以化石能源，尤其是煤的使用作为主导。化石能源占中国能源供应总量的 90%，其中煤的使用占 70%（中国国家统计局，1996—2021）。2020 年中国煤炭消费量占能源消费总量的 56.8%（中国国家统计局，2019—2020）。煤炭产生的二氧化碳占人为碳排放量的 70% 以上。煤炭和石油在总碳排放量中所占的比重呈现下降趋势，而天然气呈现上升趋势（图 3.4）。然而同其他相对“低碳”的发达国家相比，中国的能源产出和利用效率低于发达国家水平，导致整体中国化石能源消费量的增加与二氧化碳排放量呈现同样的趋势。

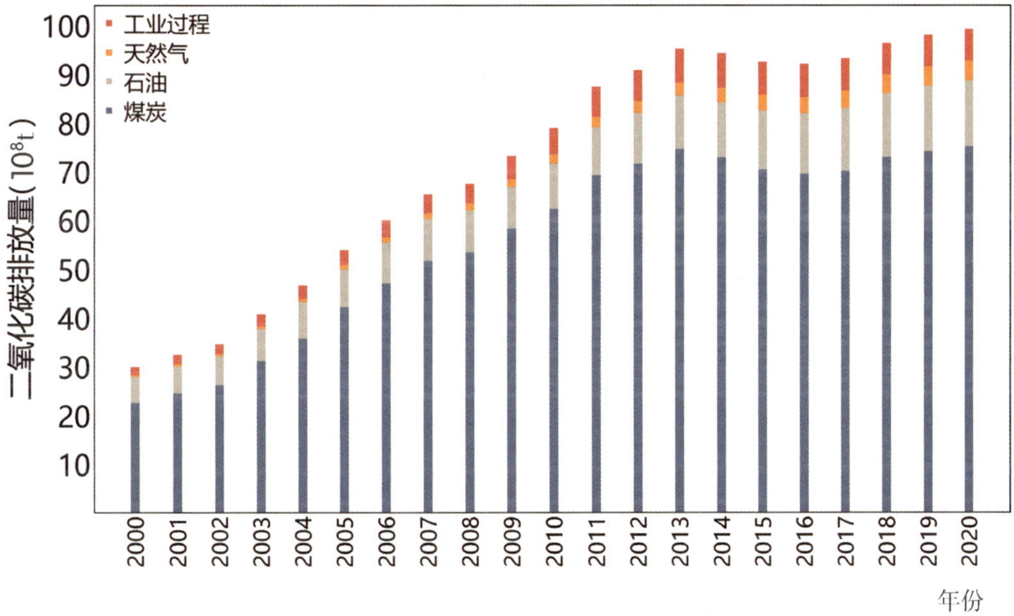


图 3.4　2000—2020 年中国人为二氧化碳排放量的各主要来源

在 2009 年哥本哈根气候变化大会上，中国曾向世界做出承诺：到 2020 年我国单位国内生产总值二氧化碳排放量比 2005 年下降 40% ~ 45%。根据 2019 年发布的《中国应对气候变化的政策与行动 2019 年度报告》，2018 年中国单位 GDP 二氧化碳排放量下降 4%，比 2005 年累计下降 45.8%，表明中国已经提前实现了在哥本哈根气候变化大会做出的承诺。中国单位 GDP

二氧化碳排放量的快速下降也在一定程度上表明中国基本扭转了二氧化碳排放量快速增长的局面。在提前实现哥本哈根气候变化大会承诺的基础上，中国从 2020 年开始向着碳中和目标做出了更进一步的努力和更高的承诺。2020 年中国国家主席习近平在气候峰会上承诺，到 2030 年，中国单位国内生产总值二氧化碳排放将比 2005 年下降 65% 以上，非化石能源占一次能源消费比重将达到 25% 左右。

## （四）七大部门碳排放量增速和占比有所差异

根据国家能源统计年鉴的能源平衡表的部门分类，全社会共47个经济部门、城镇和农村居民消费，可以被合并分类成七大部门，分别是农业、工业、电力、建筑、交通、居民消费（城镇和农村消费，包括取暖、做饭、照明等满足居民日常生活的活动所消耗的能源）和其他部门（包括批发、零售贸易和餐饮服务等）。2000—2020年，全国各部门碳排放总量总体呈上升趋势，电力和工业这两个部门占全国碳排放量的 80%以上（图3.5）。电力和工业部门在碳排放总量的高比重代表生产性部门占据了全国碳排放源的绝大部分，其中电力部门占据最大部分，平均每年为50%左右。而建筑和农业部门占据较小的部分，分别为0.5% ~ 1%和1% ~3%。各个部门占比情况在2000—2020年的发展趋势并不相同。相比于2000年，只有电力部门、交通和其他部门在2020年的占比情况有所上升，分别增加了5.7%、2.1%和0.1%。在2020年，这三个部门所贡献碳排放量在全国总碳排放量中的比重分别为52.2%、6.8%和2.8%。而在七大部门中，工业部门的比重是降低最多的，2000—2020年减少了3.7%。工业部门在2020年对总碳排放量的贡献率为32.2%。各部门的年际变化同样呈现出差异性。虽然2000—2020年，各部门的碳排放量有所上升，但是其上升速率各不相同。在2020年，工业、农业、电力、建筑、交通、其他部门和居民消费的碳排放量，相比于2000年，分别增加了68.8%、238.1%、323.7%、192.2%、444.3%、288.0%和

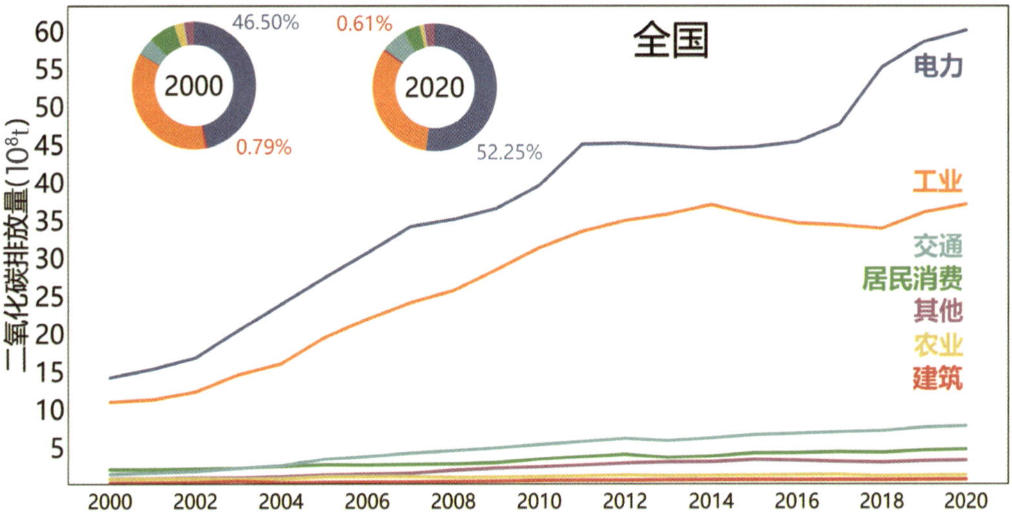


图 3.5　2000—2020 年中国七大部门的总碳排放量以及 2000 年和 2020 年各部门对中国碳排放量的贡献率

131.4%。七大部门在2000—2020年的累计碳排放量分别为$23.4\times10^8$t、$568.1\times10^8$t、$784.4\times10^8$t、$10.5\times10^8$t、$103.3\times10^8$t、$45.9\times10^8$t和$70.2\times10^8$t二氧化碳。因此在2000—2020年，交通和电力部门的碳排放量增量最大，年均增长率分别为8.8%和7.5%；而农业部门碳排放量增量最小，年均增长率仅为2.7%。

## 二、区域及城市的碳排放

实现碳中和的目标离不开全国各个地区的共同努力。中国地域辽阔，由于地理位置、人口规模、经济发展水平差异等因素的影响，碳排放量呈现出较大的区域性、差异性。为了较好地展示碳排放量的地域差异性，本节聚焦于中国大陆地区区域层面的碳排放分析。按照中国区域常用分类，将中国大陆地区分为 6 个主要地理区。

北方地区：北京、天津、河北、山西、内蒙古。

东北地区：辽宁、吉林、黑龙江。

华东地区：上海、江苏、浙江、安徽、福建、江西、山东。

华南地区：河南、湖北、湖南、广东、广西、海南。

西南地区：重庆、四川、贵州、云南、西藏（其中西藏地区的数据因为部分数据不完整，未纳入本节计算中）。

西北地区：陕西、甘肃、青海、宁夏、新疆。

2000—2020 年，我国上述 6 个地区的碳排放量均呈现上升趋势，其变化趋势与全国碳排放总量趋势基本一致，但同时又呈现出区域性差异，整体呈现出东高西低的趋势（图 3.6），反映出了区域的碳排放量与区域经济发展之间存在一定的相关性。整体上，华东地区、北方地区和华南地区的碳排放量高于其他三个地区，2000—2020 年的累计碳排放量分别是 $481.6\times10^8$t、$347.2\times10^8$t 和 $320.5\times10^8$t 二氧化碳，这三个地区的累计碳排放量占全国的 71.5%。西北地区的碳排放量在 2000—2020 年的大多数年份都要小于其他

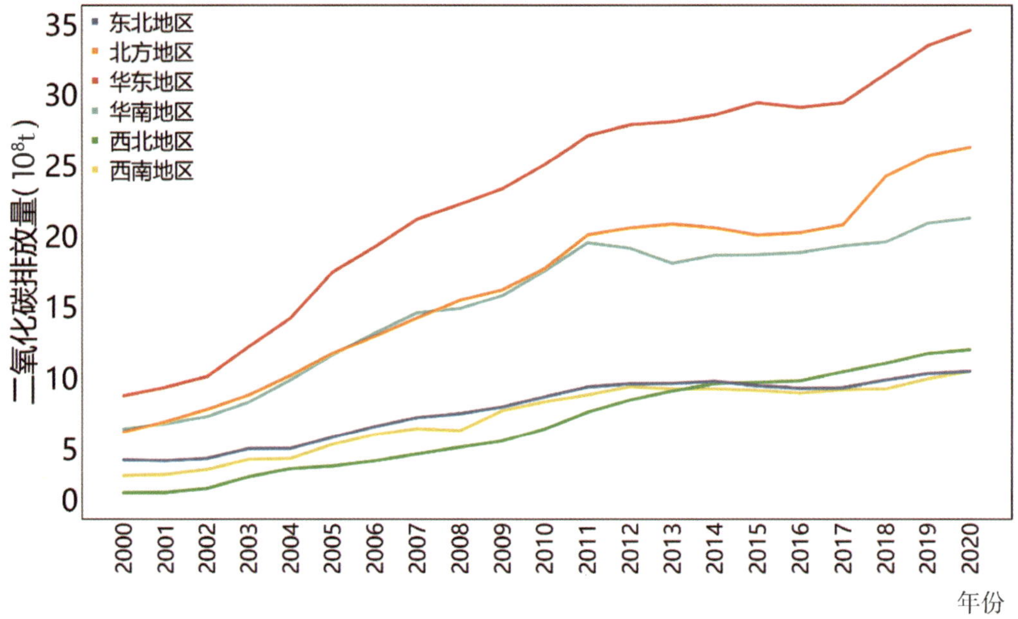


图 3.6　中国六大区域 2000—2020 年碳排放量

地区，累计碳排放量是 141.8 × $10^8$t 二氧化碳。就碳排放量增速而言，西北地区的碳排放量增长率高于其他地区。2000—2020 年，其碳排放量增加了约 5.3 倍，而东北地区和华南地区在该时间段内的碳排放量增长率分别为 1.5 倍和 2.3 倍。在 2020 年，北方地区、东北地区、华东地区、华南地区、西南地区和西北地区的碳排放量分别为 26.3 × $10^8$t、10.5 × $10^8$t、34.5 × $10^8$t、21.3 × $10^8$t、10.5 × $10^8$t 和 12 × $10^8$t 二氧化碳，相比于 2000 年，分别增加了 3.3 倍、1.5 倍、3 倍、2.3 倍、2.4 倍和 5.3 倍。这 6 个地区在 2000—2020 年的累计碳排放量分别为 347.2 × $10^8$t、163.3 × $10^8$t、481.6 × $10^8$t、320.5 × $10^8$t、151.8 × $10^8$t 和 141.8 × $10^8$t 二氧化碳，而其碳排放量年增长率分别为 7.5%、4.7%、7.1%、6.2%、6.3% 和 9.6%。在这段时间，全国碳排放总量的平均年增长率为 6.9%。因此，北方地区、华东地区和西北地区的碳排放量年均增长率高于全国平均水平。

六大区域在 2000—2020 年的碳排放强度整体上呈现出下降趋势（图 3.7）。华东和华南地区相较于其他四个地区，碳排放强度偏低。2000—2020 年，

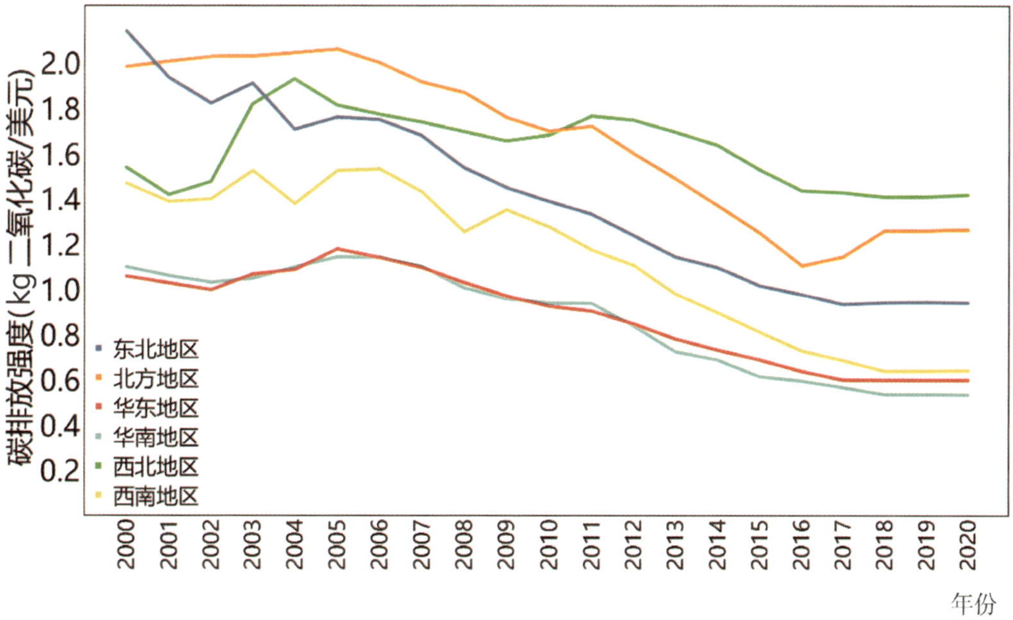


图 3.7　中国六大区域 2000—2020 年碳排放强度

华东地区和华南地区的碳排放强度分别下降了 43.4% 和 51.3%。在 2020 年，其碳排放强度分别为 0.6kg 二氧化碳 / 美元和 0.5kg 二氧化碳 / 美元。虽然这两个地区的碳排放总量整体居高（图 3.6），但是其碳排放强度较低，反映其单位经济增长的碳排放量较少。根据相关碳排放驱动因素分析的研究，碳排放强度表征能源利用效率和技术进步水平，即碳排放强度低代表技术水平高，社会的能源利用效率较高，所以华东地区和华南地区碳排放强度较低，也在一定程度上表示其技术水平较高。西北地区和北方地区的碳排放强度较高，2000—2020 年，其碳排放强度分别下降了 7.8% 和 36.3%，而在 2020 年，其碳排放强度分别为 1.4kg 二氧化碳 / 美元和 1.3kg 二氧化碳 / 美元，是华东地区和华南地区碳排放强度的 2 倍多，反映出西北和北方这两个地区能源利用效率相对较低，有较大提升空间。与此同时，东北和西南地区的碳排放强度下降最快，2000—2020 年，分别下降了 56% 和 56.2%，在 2020 年，其碳排放强度分别为 0.9kg 二氧化碳 / 美元和 1.3kg 二氧化碳 / 美元，而西北地区下降最慢，为 7.8%。因此整体上碳排放强度表现出东低西高，这个与碳排放量的表现相反。

北方地区碳排放的主要贡献部门是电力部门，其贡献率在 2000—2020 年呈上升趋势，在总碳排放量占比中上升了 7.4%，于 2020 年达到 53.53%（图 3.8）。而工业部门虽然也是北方地区碳排放的主要贡献部门，但其贡献率是下降的。相比于 2000 年，2020 年占比下降了 1.8%，为 36.4%。而在其余五个部门中，除交通部门（占比增加了 0.5%）外，贡献率均呈下降趋势。其中居民消费部门占比下降最多（下降 4.6%），2020 年占比为 3.6%，而建筑部门占比下降最少（下降 0.3%），在 2020 年占比为 0.5%。2000—2020 年，北方地区各部门的碳排放量呈上升趋势。在 2020 年，工业、农业、电力、建筑、交通、其他部门和居民消费的碳排放量分别为 $0.1\times10^8$t、$9.6\times10^8$t、$14.1\times10^8$t、$0.1\times10^8$t、$0.9\times10^8$t、$0.5\times10^8$t 和 $1\times10^8$t 二氧化碳，相比于 2000 年，分别增加了 21.8%、305.2%、418.7%、170.5%、390.4%、109.3%

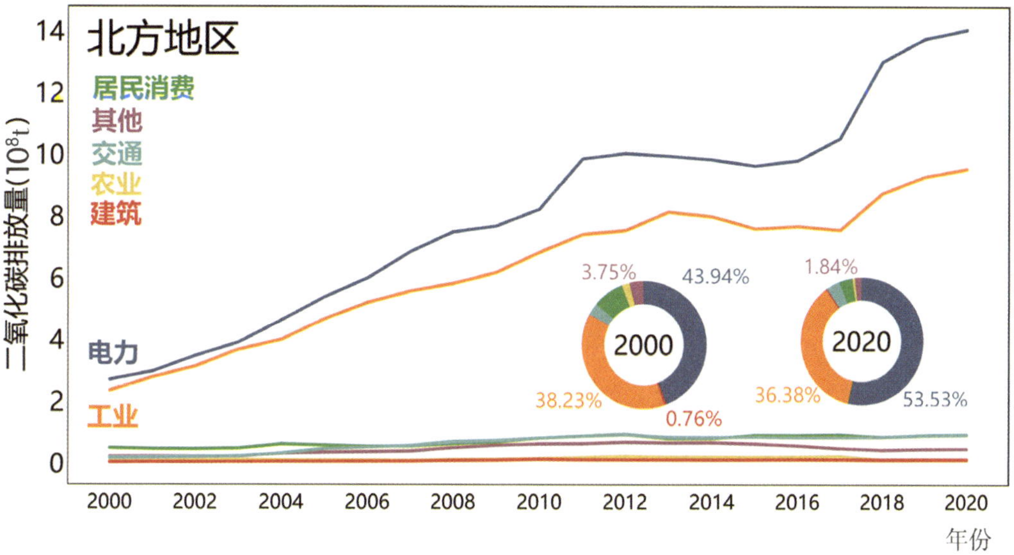


图 3.8　2000—2020 年北方地区碳排放量以及 2000 年和 2020 年各部门对北方地区碳排放量的贡献率

和 86.7%，其 2000—2020 年的累计碳排放量分别为 $3.6\times10^8$t、$131.9\times10^8$t、$169.9\times10^8$t、$2.1\times10^8$t、$14\times10^8$t、$10\times10^8$t 和 $15.6\times10^8$t 二氧化碳。可以看出在 2000—2020 年，电力和交通部门碳排放量增量最多，年均增长率分别为 8.6% 和 8.3%；而农业部门增量最少，年均增长率为 1 %。

东北地区的碳排放主要贡献部门是电力部门和工业部门，其贡献率呈下降趋势，2000—2020 年占比分别下降了 1.2% 和 1.6%，于 2020 年分别达到 49.9% 和 32.7%（图 3.9）。在其他五个部门中，除了交通部门（占比增加了 2.9%）外，贡献率均呈下降趋势。其中工业部门占比下降最多（下降 1.6%），在 2020 年占比为 3.6%；而农业部门占比下降最少（下降 0.3%），在 2020 年占比为 2.1%。2000—2020 年，除了建筑部门，各部门的碳排放量均有所增加。在 2020 年，工业、农业、电力、建筑、交通、其他部门和居民消费的碳排放量分别为 $0.2\times10^8$t、$3.4\times10^8$t、$5.2\times10^8$t、$0.02\times10^8$t、$0.7\times10^8$t、$0.5\times10^8$t 和 $0.4\times10^8$t 二氧化碳，相比于 2000 年，分别增加了 114.0%、136.9%、142.9%、−17.9%、321.6%、229.7% 和 120.2%，其 2000—2020 年的累计碳

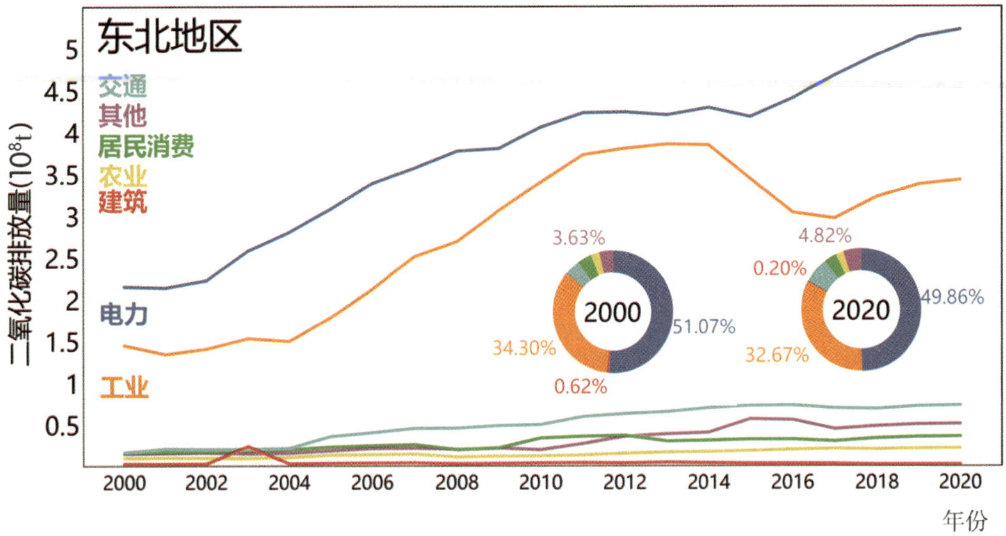


图 3.9 2000—2020 年东北地区碳排放量以及 2000 年和 2020 年各部门对东北地区碳排放量的贡献率

排放量分别为 $3.2\times10^8$t、$57.4\times10^8$t、$79\times10^8$t、$0.9\times10^8$t、$10.6\times10^8$t、$6.5\times10^8$t 和 $5.8\times10^8$t 二氧化碳。在 2000—2020 年，只有建筑部门的碳排放量呈下降趋势，年均减少率为 1%；交通和其他部门增量最多，年均增长率分别为 7.5% 和 6.1%；而农业部门增量最少，年均增长率为 3.9%。

华东地区碳排放的主要贡献部门是电力部门，其贡献率呈上升趋势，2000—2020 年占比上升了 7.1%，在 2020 年达到 57%（图 3.10）。工业部门虽然也是华东地区碳排放的主要贡献部门，但其贡献率却呈下降趋势：华东地区 2020 年碳排放量中工业部门占比为 29.2%，相较于 2000 年下降了 6.2%。而其他五个部门，除了交通部门（占比增加了 2.6%）外，贡献率均呈下降趋势。其中农业部门占比下降的最多（下降 1.7%），在 2020 年占比为 1%；建筑和居民消费部门占比下降最少（分别下降 0.4%），在 2020 年占比分别为 0.6% 和 3.5%。2000—2020 年，华东地区各部门的碳排放量均呈上升趋势。在 2020 年，工业、农业、电力、建筑、交通、其他部门和居民消费的碳排放量分别为 $32.9\times10^8$t、$1006.7\times10^8$t、$1964.1\times10^8$t、$19\times10^8$t、$252\times10^8$t、$51.9\times10^8$t 和 $122\times10^8$t 二氧化碳。相比于 2000 年，以上各部门

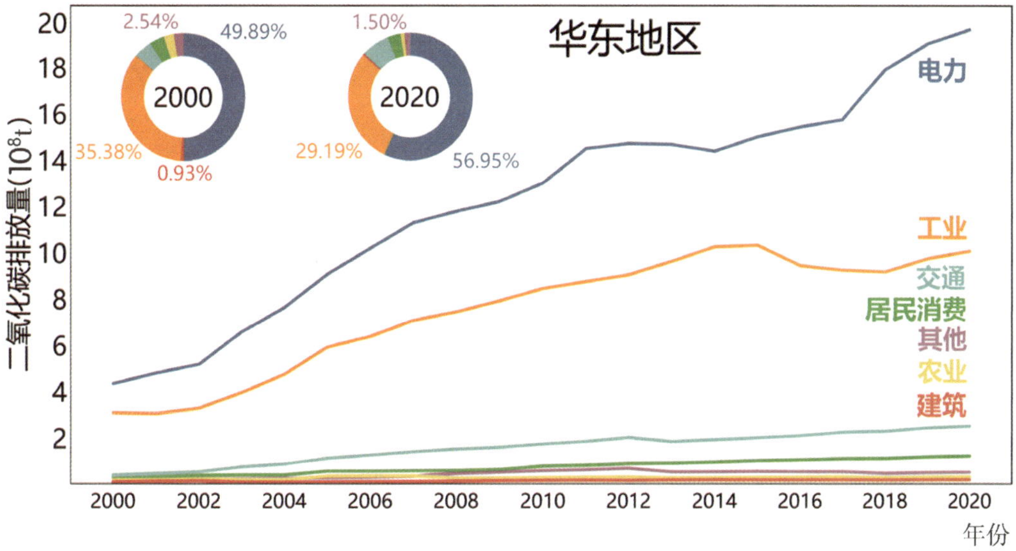


图 3.10　2000—2020 年华东地区碳排放量以及 2000 年和 2020 年各部门对华东地区碳排放量的贡献率

碳排放量分别增加了 45.0%、226.9%、352.4%、134.4%、520.8%、134.7% 和 251.6%。以上各部门 2000—2020 年的累计碳排放增加量分别为 $6.2\times10^8$t、$156.9\times10^8$t、$257.1\times10^8$t、$3\times10^8$t、$33.1\times10^8$t、$9.2\times10^8$t 和 $16\times10^8$t 二氧化碳。2000—2020 年，交通和电力部门增量最多，年均增长率分别为 9.6% 和 7.8%；而农业部门增量最少，年均增长率为 1.9%。

华南地区碳排放的主要贡献部门是电力部门，其贡献率呈上升趋势，2000—2020 年占比上升了 0.7%，于 2020 年达到 48.6%（图 3.11）。而工业部门虽然也是华南地区碳排放的主要贡献部门，但其贡献率呈下降趋势。工业部门在 2020 年华南地区碳排放中占比为 29.8%，相比于 2000 年下降了 4.9%。而其他五个部门中，建筑、交通和其他部门的贡献率呈上升趋势（分别上升 0.5%、3.3% 和 2.6%），在 2020 年分别达到 0.9%、9.9% 和 3.7%。农业和居民消费的贡献率呈下降趋势（分别下降 0.9% 和 1.3%），在 2020 年占比分别为 1.7% 和 5.5%。2000—2020 年，华南地区各部门碳排放量均有所增加。在 2020 年，工业、农业、电力、建筑、交通、其他部门

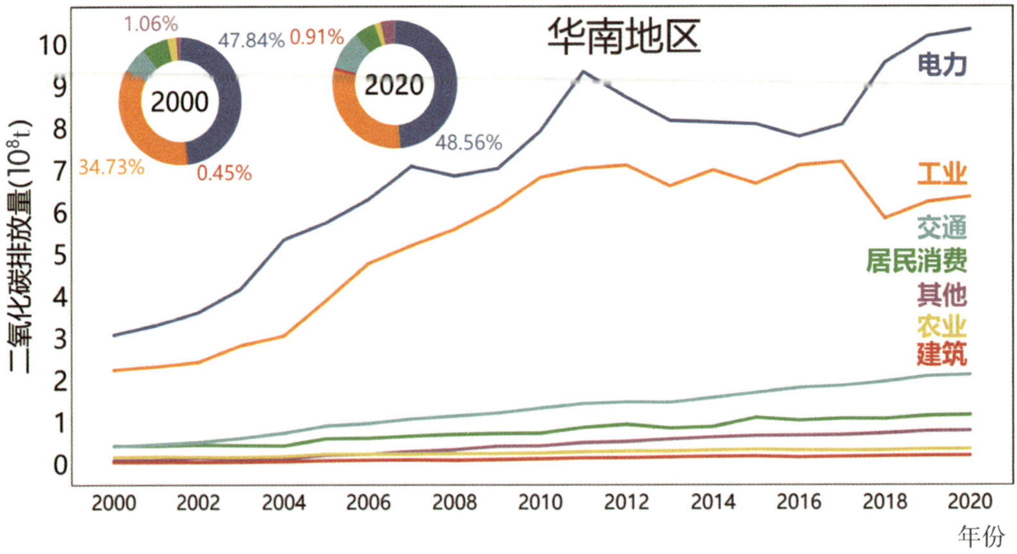


图 3.11　2000—2020 年华南地区碳排放量以及 2000 年和 2020 年各部门对华南地区碳排放量的贡献率

和居民消费的碳排放量分别为 $0.4\times10^8$t、$6.3\times10^8$t、$10.3\times10^8$t、$0.2\times10^8$t、$2.1\times10^8$t、$0.8\times10^8$t 和 $1.2\times10^8$t 二氧化碳。相比于 2000 年，各部门碳排放量分别增加了 118.6%、185.2%、237.4%、566.5%、399.7%、1052.1% 和 167.3%。各部门 2000—2020 年的累计碳排放增加量分别为 $5.5\times10^8$t、$112.1\times10^8$t、$148.6\times10^8$t、$2.3\times10^8$t、$26.7\times10^8$t、$8.9\times10^8$t 和 $16.3\times10^8$t 二氧化碳。2000—2020 年，建筑和其他部门增量最多，年均增长率分别为 9.9% 和 13%；而农业部门增量最少，年均增长率为 4%。

工业部门是西南地区最大的碳排放贡献部门，并且其贡献率是上升的，相比于 2000 年，2020 年占比上升了 2.5%，为 44%。而电力部门作为该地区碳排放的主要贡献部门之一，其贡献率却呈下降趋势，2000—2020 年，占比下降了 3.2%，在 2020 年比重为 31.1%（图 3.12）。在其他五个部门中，建筑、交通和其他部门的贡献率呈上升趋势（分别上升 0.4%、4.9% 和 3.8%），在 2020 年分别达到 1.1%、9.3% 和 6.9%。农业和居民消费的贡献率呈下降趋势（分别下降了 2.2% 和 6.2%），在 2020 年占比分别为 1.6% 和 5.9%。

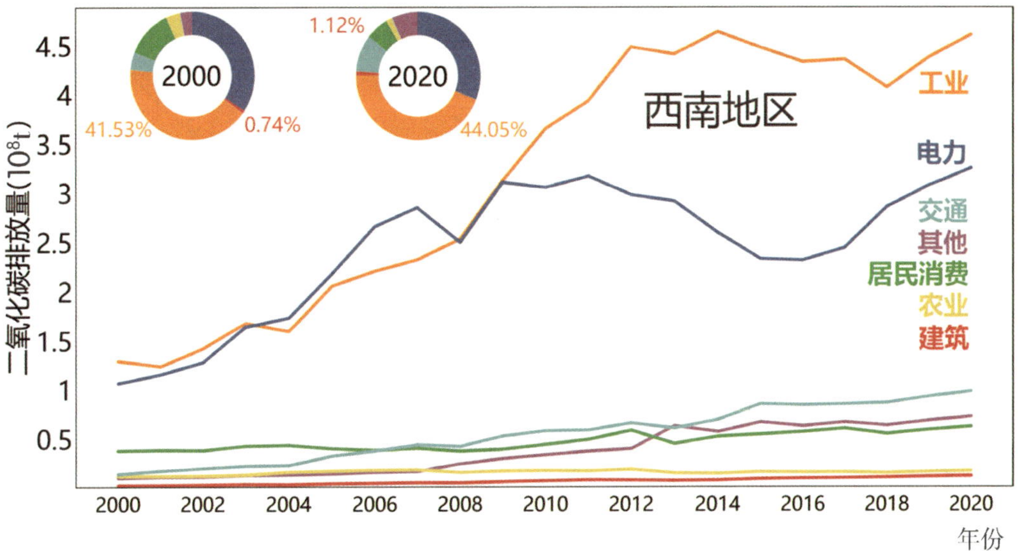


图 3.12　2000—2020 年西南地区碳排放量以及 2000 年和 2020 年各部门对西南地区碳排放量的贡献率

2000—2020 年，西南地区各部门的碳排放量均有所增加。2020 年，工业、农业、电力、建筑、交通、其他部门和居民消费的碳排放量分别为 $0.2\times10^8$t、$4.6\times10^8$t、$3.3\times10^8$t、$0.1\times10^8$t、$1\times10^8$t、$0.7\times10^8$t 和 $0.6\times10^8$t 二氧化碳，相比于 2000 年，分别增加了 44.2%、257.9%、206.3%、411.6%、607.9%、644.5% 和 64.3%。各部门 2000—2020 年的累计碳排放增加量分别为 $3.3\times10^8$t、$66.8\times10^8$t、$51.1\times10^8$t、$1.4\times10^8$t、$11.5\times10^8$t、$0.8\times10^8$t 和 $9.9\times10^8$t 二氧化碳。2000—2020 年，交通和其他部门增量最多，年均增长率分别为 10.3% 和 10.6%；而农业部门增量最少，年均增长率为 1.8%。

西北地区碳排放的主要贡献部门是电力部门，其贡献率呈上升趋势，2000—2020 年占比上升了 18.3%，于 2020 年达到 63%（图 3.13）。而工业部门虽然也是碳排放的主要贡献部门，但其贡献率有所下降。相比于 2000 年，西北地区工业部门 2020 年在总碳排放中占比下降了 4.1%，为 25.3%。农业、建筑、交通、其他和居民消费这五个部门的贡献率也呈下降趋势，分别下降了 2%、1.4%、1.1%、1.5% 和 8.2%，在 2020 年分别达到 0.9%、0.5%、4.7%、1.9%

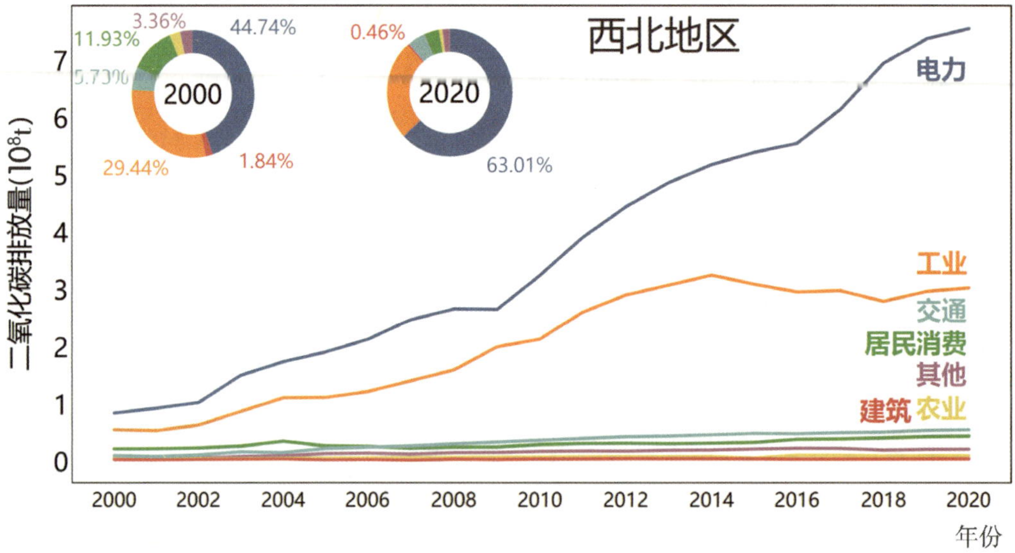


图 3.13 2000—2020 年西北地区碳排放量以及 2000 年和 2020 年各部门对西北地区碳排放量的贡献率

和 3.7%。2000—2020 年，各部门的碳排放量均有所增加。在 2020 年，工业、农业、电力、建筑、交通、其他部门和居民消费的碳排放量分别为 $0.1\times10^8$t、$3\times10^8$t、$7.6\times10^8$t、$0.05\times10^8$t、$0.6\times10^8$t、$0.2\times10^8$t 和 $0.4\times10^8$t 二氧化碳，相比于 2000 年分别增加了 93.6%、442.6%、788.4%、57%、415%、250% 和 98.2%。各部门 2000—2020 年的累计碳排放增加量分别为 $1.7\times10^8$t、$43\times10^8$t、$78.6\times10^8$t、$1\times10^8$t、$7.4\times10^8$t、$3.5\times10^8$t 和 $6.7\times10^8$t 二氧化碳。2000—2020 年，电力和工业部门增量最多，年均增长率分别为 11.5% 和 8.8%；而农业部门增量最少，年均增长率为 3.4%。

在六大区域中，电力和工业部门都是碳排放的主要贡献部门，占比分别为 50% 和 30% 左右。整体上电力部门在各区域总碳排放中的贡献率呈现上升趋势，工业部门的贡献率呈现下降趋势。其中，西北地区的电力部门的贡献率上升最快，占比上升了 18.3%，并于 2020 年达到 63%。西北地区电力部门对总碳排放贡献比也是六大区域中最高的。但是，2000—2020 年东北和西南地区电力部门的贡献率均呈下降趋势（分别下降 1.2% 和 3.2%），在 2020 年比重分别为 49.9% 和 31.1%。西南地区的电力部门碳排放的平均贡献率为 30%，低于其他五个地区。工业部门是该区域最大的碳排放贡献部门，并且其贡献率呈上升趋势。与此同时，其他五个地区的工业部门贡献率均呈下降趋势。华东地区工业部门的贡献率在 2000—2020 年下降最快（下降 6.2%）。在 2020 年，西北地区工业部门的贡献率最小，为 25.3%；而西南地区工业部门的贡献率最大，为 44%。

除电力和工业部门之外，交通部门对碳排放的贡献率也呈上升趋势。其中，西南地区交通部门的贡献率上升最快，于 2020 年达到 9.3%（相比 2000 年上升 4.9%）。交通部门在总碳排放中贡献率最高的地区是华南地区，在 2020 年达到 9.9%。西北地区的交通部门的贡献率呈下降趋势（2000—2020 年下降 1.1%），在 2020 年达到 4.7%。而从碳排放量绝对值看，除东北地区的建筑部门以外，六大区域七大部门的碳排放量均呈上升趋势，但是各区域中各部门的年均增长率呈现出不同的特征。从各区域的各部门的年增长率看，交通部门的年均增长率基本是最高的（其中最高的是西南地区，达到 10.3%）。碳排放主要贡献部门（电力和工业部门）的年均增长率在 4.4% ~ 11.5%（其中西北地区最高，分别为 8.8% 和 11.5%）。东北地区的电力和工业部门的碳排放年均增长率最低，分别为 4.4% 和 4.5%。而各部门中农业部门的碳排放年均增长率最低，其中北方地区最低，为 1%。

## 三、新冠疫情对中国碳排放的影响

### （一）新冠疫情对中国碳排放总量的影响

2019 年年末以来，新型冠状病毒感染肺炎疫情（COVID-19 pandemic，简称“新冠疫情”）席卷全球。新冠疫情对世界各国的碳排放都产生了影响（Jackson et al.，2020；Zhu et al.，2020）。中国是新冠疫情的第一个爆发地，在中国政府严格的控制政策下，中国已率先从新冠疫情中恢复。中国的二氧化碳排放量在新冠疫情期间，相比2019年同期减少了7.8%。电力、工业、地面交通、住宅和航空部门的碳排放在新冠疫情期间受到明显影响。但是农业部门的碳排放受新冠疫情影响较小，一方面，农业部门的碳排放量在全国总排放量中占比较少，只有全国碳排放量的1%～3%；另一方面，农业部门的碳排放年际变化较小（见本章第二节），尤其是新冠疫情发生在2020年1～4月，该时间段内，农业部门的排放量本来就很少。因此，农业部门的碳排放在新冠疫情期间受到的影响并未在本节中讨论。

我国电力、工业、地面交通、居民消费和航空五个部门的二氧化碳排放量在2020年2月下降得最多，这与2020年2月是新冠疫情最为严重的时间段并且此时封城政策最为严格有关。随着2020年3月25日全国（除武汉地区外）的解封，中国各部门的二氧化碳排放量的降幅都有所缓解。到2020年4月底，电力、工业和居民消费三个部门的二氧化碳排放量都逐步恢复到2019年同期水平。但是地面交通部门和航空部门，尤其是航空部门，都与2019年同期水平有较大差距。从减排贡献方面看，在2020年1～4月，中国二氧化碳排放量相比2019年同期共减少$264 \times 10^6$t二氧化碳，电力和工业部门分别贡献了34.5%和26.7%，居民消费部门贡献2.8%，地面交通和航空部门共同贡献了36%（图3.14）。

在省级尺度（图3.15）上，江苏、湖北和浙江三省在2020年1～4月的碳排放量下降最多，这三个省份的碳排放量下降接近全国碳排放减少量的一半（48.9%），减排量分别为$48.5 \times 10^6$t（19.4%）、$42.6 \times 10^6$t（17.0%）和$31.3 \times 10^6$t二氧化碳（12.5%）。山东、河北、安徽、河南和重庆五省（市）的碳排放减排量均超过了$10 \times 10^6$t二氧化碳，五省（市）的减排量占全国总排放量的28.8%。其中山东省的碳排放量减少最多（$20.7 \times 10^6$t二氧化碳），重庆市的碳排放量减少最少（$10.1 \times 10^6$t二氧化碳）。云南省、甘肃省、广西壮族自治区、宁夏回族自治区、陕西省和新疆维吾尔自治区的碳排放量在

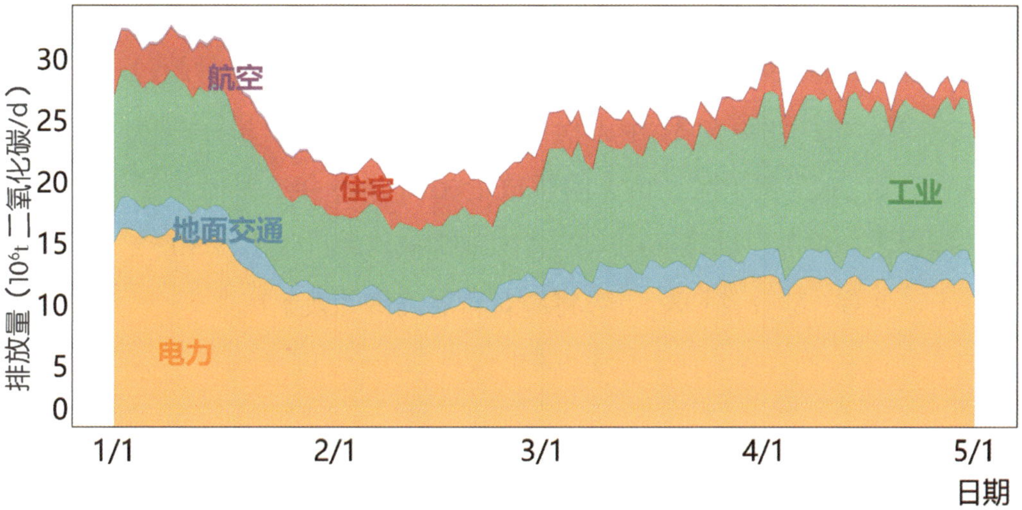


图 3.14 新冠疫情对中国分部门二氧化碳排放的影响

数据来源：刘竹等，2020

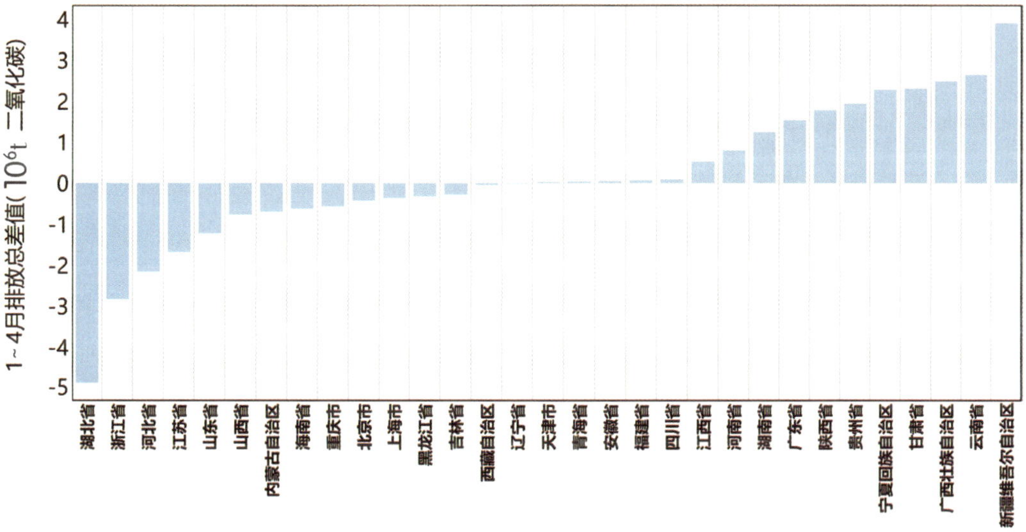


图 3.15 新冠疫情对中国省级二氧化碳排放的影响

数据来源：刘竹等，2020

2020 年 1 ~ 4 月相比 2019 年同期略有增加，其中云南省只增加了 $0.2 \times 10^6$t 二氧化碳，新疆维吾尔自治区增加长了 $8.5 \times 10^6$t 二氧化碳。

从 2020 年 1 月 23 日武汉开始实行封城政策，到 1 月 25 日，除西藏地区外，其余省份均开始实行封城政策，西藏地区也于 1 月 29 日实行了封城政策。在 2020 年 1 月，除青海和西藏地区外，其余省份的碳排放量相比 2019 年 1 月均减少了，其中有 15 个省（区、市）的减排量超过了 $1 \times 10^6$t 二氧化碳（图 3.16）。31 个省份（区、市）的碳排放量在 2020 年 2 月均下降了，有 26 个省（区、市）的排放量相比 2019 年 2 月减少了 $1 \times 10^6$t 二氧化碳以上。江苏、浙江和山东三省的减排量均超过了 $10 \times 10^6$t 二氧化碳。2020 年 2 月底，部分省（区、市）将应对新冠疫情的政策调整为“二级响应”。除湖北、青海和西藏地区外，其他省（区、市）的碳排放量在 2020 年 2 月

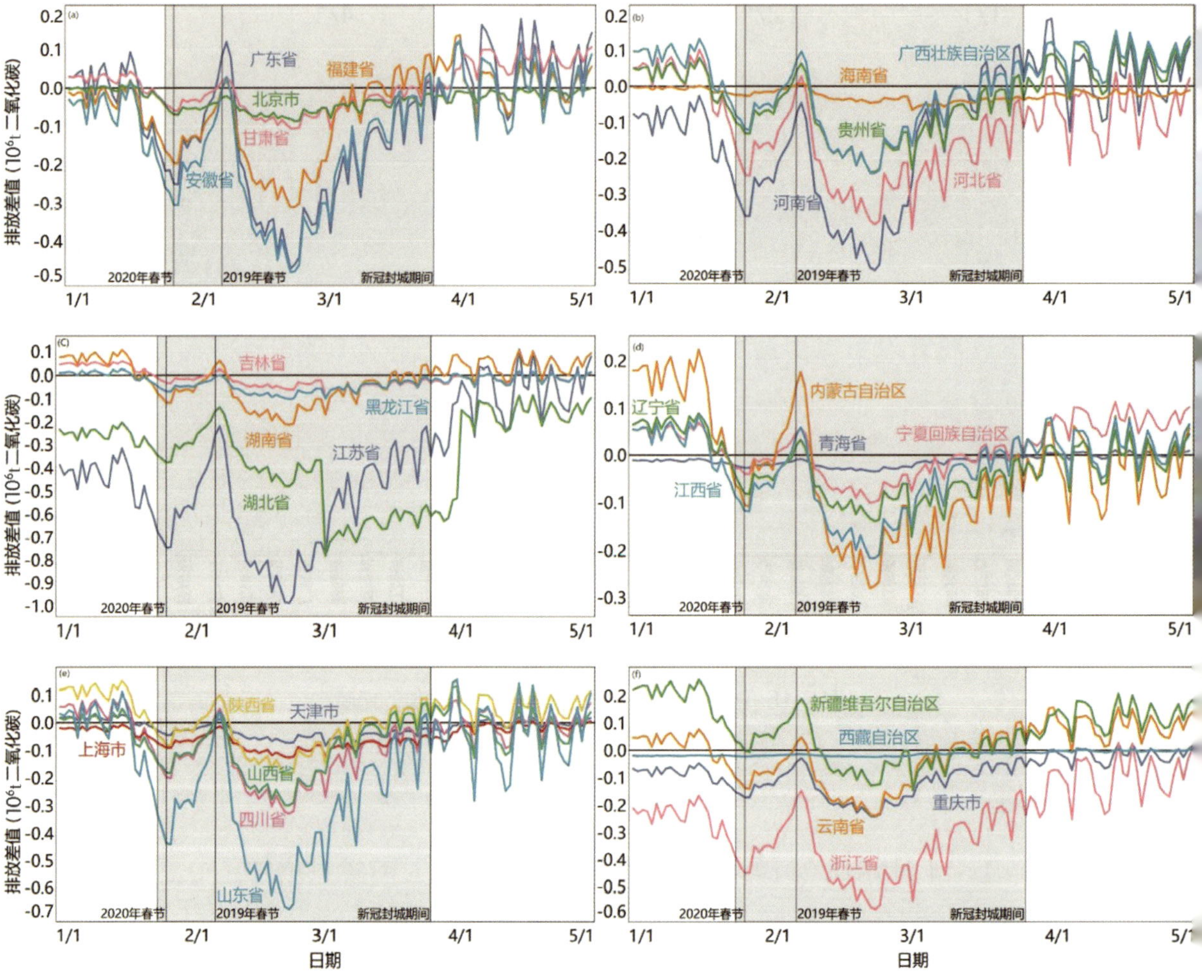


图 3.16　中国省级日尺度二氧化碳排放差值（2020 年 1~4 月与 2019 年同期）
数据来源：刘竹等，2020

底开始回升。

2020 年 3 月，各省（区、市）的减排量均有所回升。到 3 月 25 日，除武汉外，全国其他各省（区、市）对新冠疫情的响应调整为“三级”，除湖北、浙江和江苏三省的碳排放量与 2019 年同期相比，还有明显下降外，其他省（区、市）的碳排放量已经逐渐接近或恢复到 2019 年同期水平。到 2020 年 4 月，湖北省的碳排放仍受到疫情的持续影响，但影响程度在缩小，湖北省的碳排放量相比 2019 年 4 月减少了 $4.9 \times 10^6$t 二氧化碳。相比 2019 年同期，浙江、河北、江苏和山东四省的减排量在（1 ~ 3）$\times 10^6$t 二氧化碳，其他省（区、市）的碳排放量均已经恢复到 2019 年同期水平。

### （二）新冠疫情对中国电力部门碳排放的影响

新冠疫情对我国不同部门的碳排放影响不同。对于电力部门，新冠疫情使碳排放量在 2020 年 1 ~ 4 月比 2019 年同期减少 $91.1 \times 10^6$t 二氧化碳（减少 6%）。其中，2020 年 1 月，电力部门的碳排放量相比 2019 年 1 月下降了 3.6%；2020 年 2 月碳排放量的降幅最大，电力部门相比 2019 年 2 月下降了 14.4%；2020 年 3 月碳排放量的降幅有所缓解，电力部门相比 2019 年 3 月下降了 8%；2020 年 4 月之后，封城政策在全国范围内解除，全国复工复产有序实施，电力部门的碳排放量开始回升，电力部门的碳排放量在 2020 年 4 月为 $355.87 \times 10^6$t 二氧化碳，比 2019 年同期增长了 1.1%。在新冠疫情导致的封城期间（2020 年 1 月 23 日至 2020 年 3 月 25 日），我国电力部门共产生 $652.88 \times 10^6$t 二氧化碳，相比 2019 年同期减少了 12%（图 3.17）。

在省级尺度（图 3.17）上，2020 年 1 ~ 4 月，山东和浙江两省电力部门的排放量减少得最多，超过了 $2 \times 10^6$t 二氧化碳。湖北、河北、江苏、山西、海南、重庆、吉林、辽宁、安徽、四川、江西和河南的电力部门在 2020 年 1 ~ 4 月的碳排放量相比 2019 年同期均有所减少。而内蒙古、北京、黑龙江、天津、青海、福建、湖南、广东、陕西、贵州、宁夏、甘肃、广西、云南和

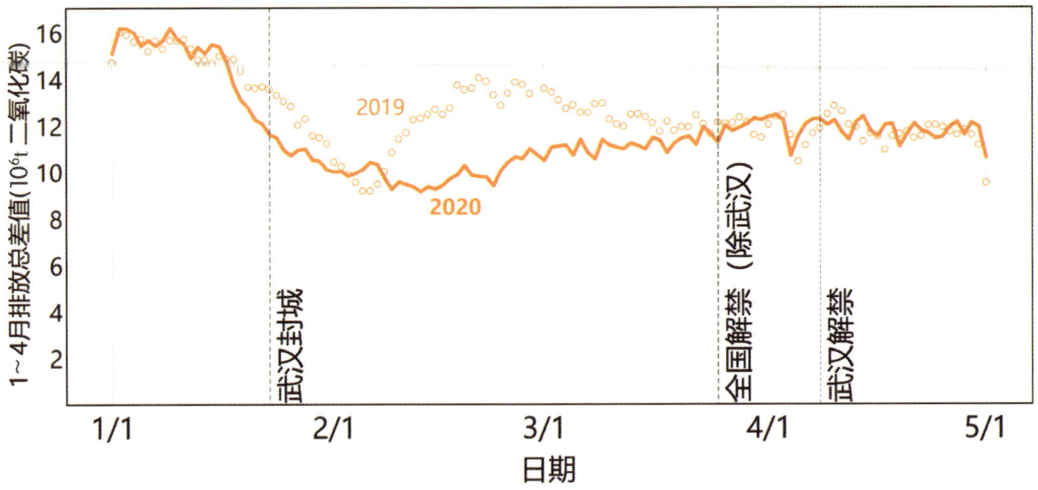


a. 全国电力（–3.2%）

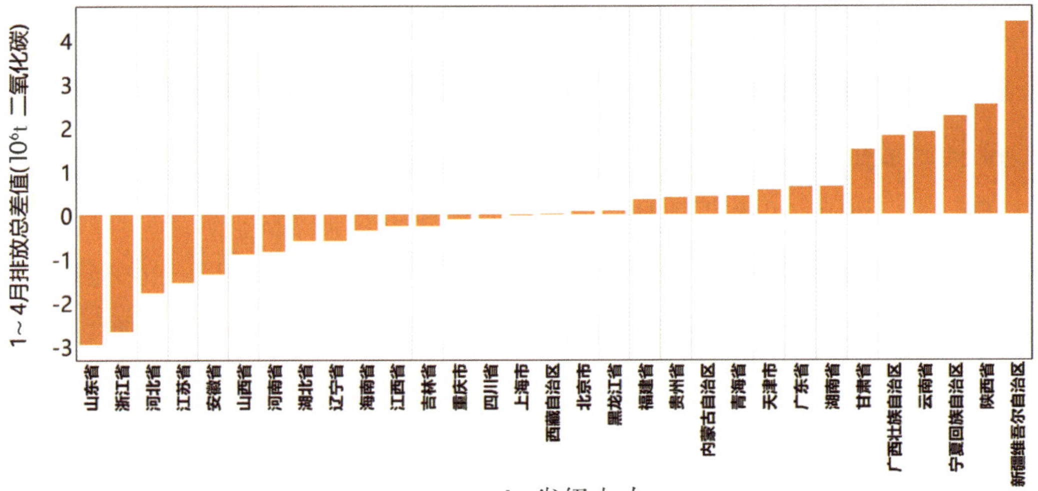


b. 省级电力

图 3.17 新冠疫情对中国电力部门总排放及省级排放的影响

数据来源：刘竹等，2020

新疆的电力部门的碳排放量在 2020 年 1 ~ 4 月相比 2019 年同期增加了，其中新疆地区的排放量增加最多，超过了 $4\times10^6$t 二氧化碳。

## （三）新冠疫情对中国工业部门碳排放的影响

对于我国工业部门，新冠疫情使碳排放量在 2020 年 1 ~ 4 月比 2019 年同期减少 $70.5\times10^6$t 二氧化碳（下降 5.9%）。其中，2020 年 1 月，工业部门碳排放量相比 2019 年 1 月下降了 6.4%。2020 年 2 月和 3 月，我国工业部

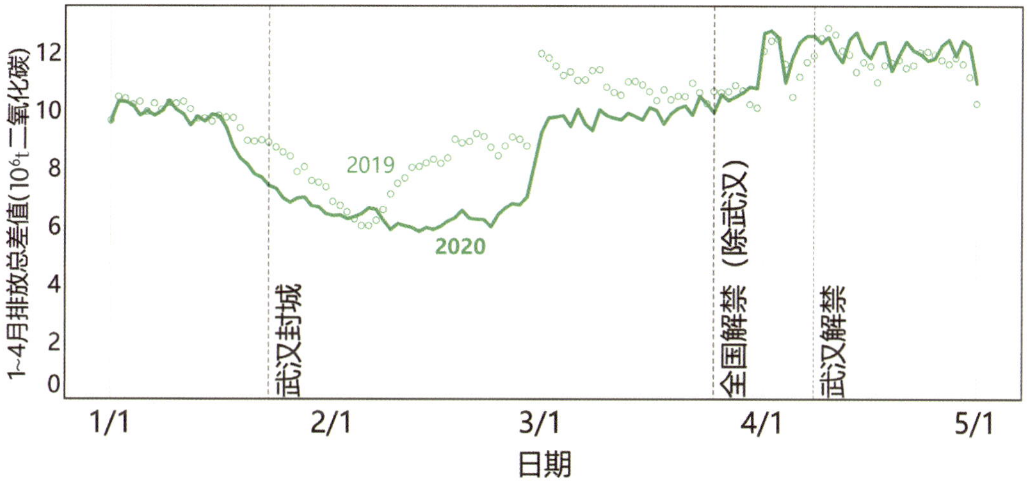


a. 全国工业（–3.4%）

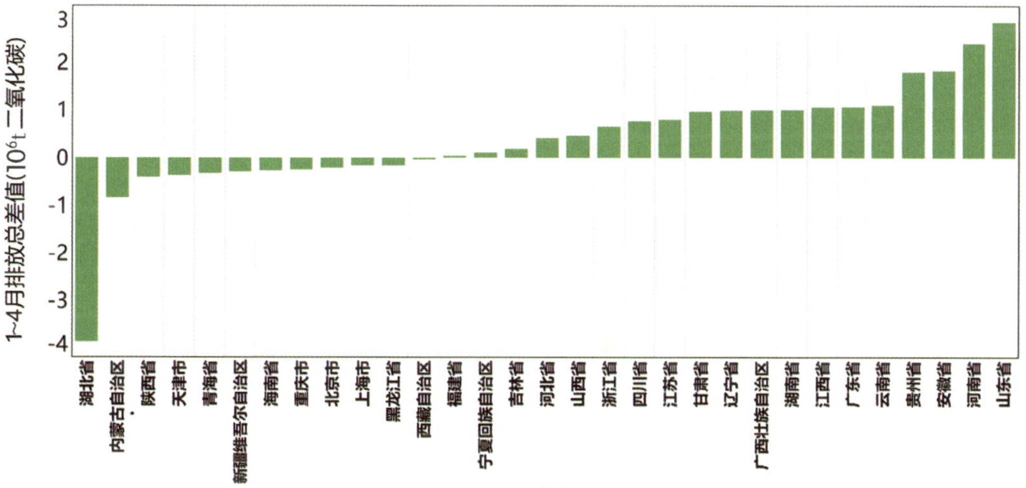


b. 省级工业

图 3.18　新冠疫情对中国工业部门总排放及省级排放的影响

数据来源：刘竹等，2020

门的碳排放量相比 2019 年同期分别下降了 16.8% 和 8%。2020 年 4 月，碳排放量为 $364.99 \times 10^6$t 二氧化碳，比 2019 年同期增长了 3.4%。在新冠疫情导致的封城期间（2020 年 1 月 23 日至 2020 年 3 月 25 日），我国工业部门共产生 $481.12 \times 10^6$t 二氧化碳，相比 2019 年同期减少了 13%（图 3.18a）。

在省级尺度（图 3.18b）上，湖北是以工业部门的排放为主，由于湖北受新冠疫情影响较重，湖北工业部门的碳减排量在 2020 年 1 ~ 4 月接近 $4 \times 10^6$t 二氧化碳。而内蒙古、海南、重庆、北京、上海、天津、青海、陕西和新疆 9 个省（区、市）的工业部门的碳排量放在 2020 年 1 ~ 4 月相比 2019 年同期也有所减少。除以上省（区、市）以外，其他省（区、市）工业部门的碳排放量在 2020 年 1 ~ 4 月相比 2019 年同期均有所增加，其中增加最多的是山东和河南，碳排放增加量均超过了 $2 \times 10^6$t 二氧化碳。

### （四）新冠疫情对中国地面交通部门碳排放的影响

相比其他排放部门，新冠疫情对地面交通部门的影响更明显。2020 年 1 ~ 4 月，我国地面交通部门共减少排放 $84.2 \times 10^6$t 二氧化碳，相比 2019 年同期，碳排放量下降了 28%。值得注意的是，新冠疫情导致的严格防控措施对地面交通部门的碳排放量的影响已经超过了工业部门（减少排放 $70.5 \times 10^6$t 二氧化碳）。2020 年 3 月和 4 月，我国地面交通部门的碳排放相比 2019 年同期分别下降了 20% 和 16.3%（图 3.19a）。

在省级尺度（图 3.19b）上，我国 31 个省（区、市）的地面交通部门的碳排放量在 2020 年 1 ~ 4 月相比 2019 年同期均下降，其中下降最多的是山东，其减排量超过 $1 \times 10^6$t 二氧化碳，而浙江、河北、江苏的地面交通部门的减排量也超过了 $0.8 \times 10^6$t 二氧化碳。

### （五）新冠疫情对中国居民消费和航空部门碳排放的影响

居民消费部门的碳排放量占中国总二氧化碳排放量的 4.1%。2020 年

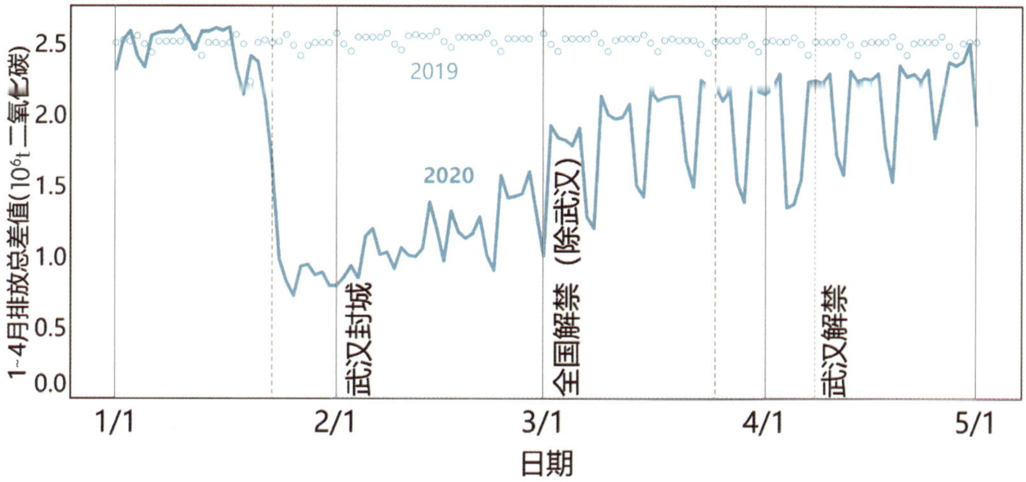


a. 全国地面交通（–24.5%）

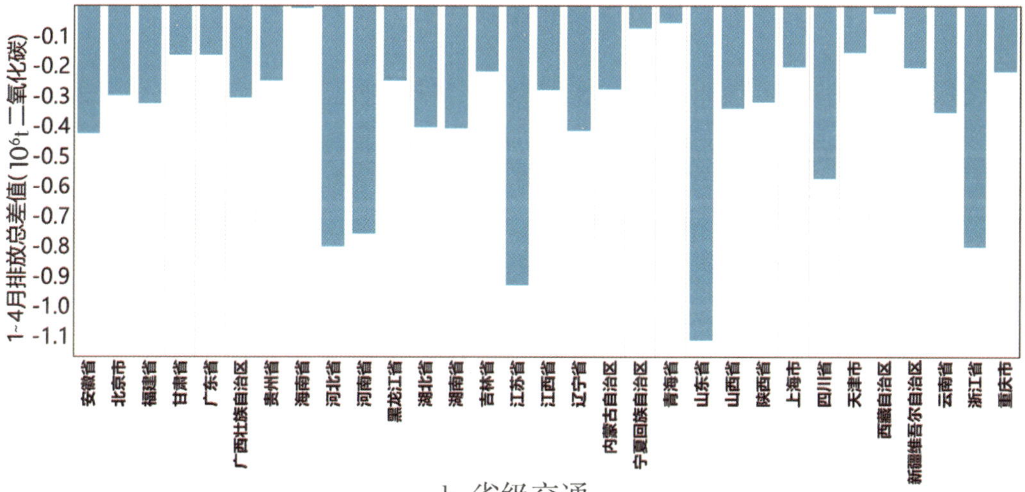


b. 省级交通

图 3.19　新冠疫情对中国地面交通部门总排放及省级排放的影响

数据来源：刘竹等，2020

1 ~ 4 月，我国居民消费部门的碳排放量相比 2019 年同期下降了 2.3%（7.5 $\times 10^6$t 二氧化碳）。在新冠疫情导致的封城期间（2020 年 1 月 23 日至 2020 年 3 月 25 日），我国居民消费部门的碳排放量相比 2019 年同期减少了 5%。2020 年 2 月和 3 月，我国居民消费部门的碳排量放相比 2019 年同期分别下降了 7.5% 和 17%。2020 年 4 月，居民消费部门的碳排放

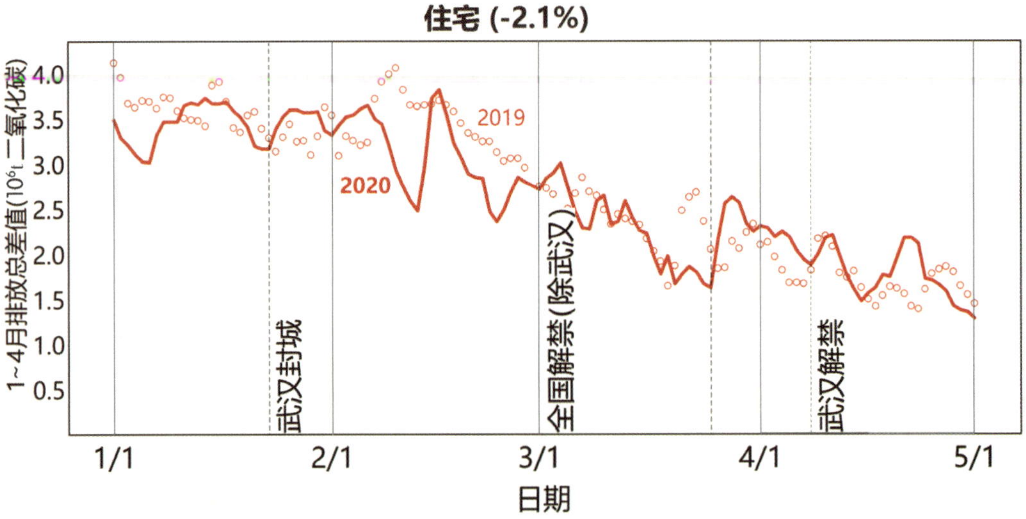


图 3.20 新冠疫情对中国居民消费部门排放的影响

已经恢复到 2019 年同期水平，相比 2019 年同期上升了 7.3%（图 3.20）。

相比其他部门，新冠疫情对航空部门碳排放量的影响最强烈。2020 年 1 ~ 4 月，航空部门的排放相比 2019 年同期减少了 $10.8\times10^6$t 二氧化碳，减少了 43.8%。2020 年 2 月、3 月和 4 月，碳排放量分别下降了 71.2%、

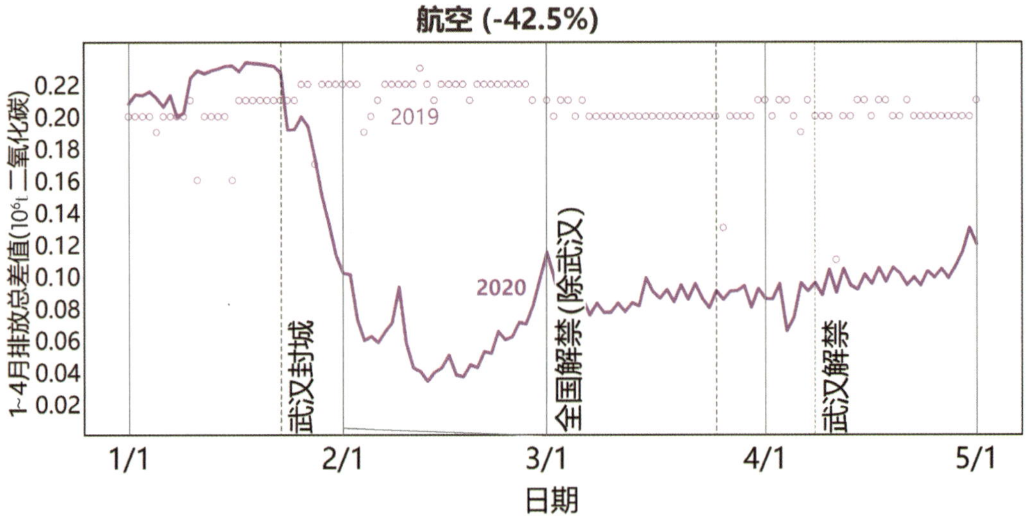


图 3.21 新冠疫情对中国航空部门排放的影响

数据来源：刘竹等，2020

56.4% 和 51.7%（图 3.21）。

# 四、未来碳排放的预期

未来碳排放的预期一般采用排放情景分析进行研究。综合评估模型是排放情景分析的主要工具。经过多年发展，综合评估模型工具不断完善，能够对更为复杂的减排情景进行分析。利用综合评估模型，国际组织及中国的科学家分别评估了在 2℃情景和 1.5℃情景下全球和中国在未来的减排空间，以及在该空间下中国的减排情景和路线。

## （一）排放情景和路径转型评估模型工具

情景分析方法一般被用来建构排放的未来格局。情景分析是指在各种其他相关因素判断的情况下，给出未来年份温室气体的排放量。情景分析对于预测未来气候发展非常必要。

2014 年，在 IPCC 第五次评估报告中，提出了 RCPs（Representative Concentration Pathways）情景。RCPs 共有四个情景，分别为 RCP2.6、RCP4.5、RCP6.0 和 RCP8.5 。这四种情景分别描述了四种温室气体浓度变化的曲线。其中 RCP2.6 描述的是到 2100 年全球温度较工业化时代前上升 2℃以内的情景。而 RCP8.5 描述的是到 2100 年温升 5℃的情景。RCP8.5 一般被认为是“无政策干预”的基线情形 (Clarke et al., 2014)。IPCC 第六次报告提出了一套由不同社会经济模式驱动的新排放情景——共享经济路径（SSPs）。SSPs 包括 5 个排放情景，分别为 SSP1 可持续发展情景、SSP2 中度发展情景、SSP3 局部或不一致发展情景、SSP4 不均衡发展情景和 SSP5 常规发展情景（IPCC，2018）。

一般需要采用模型工具进行情景分析。模型工具是指采用一定的公式方程等数学方法描述排放与相关因素之间的关系，量化表达可能的未来情景下温室气体的排放。模型工具中数学方法主要依赖经济学中的宏观和微观发展原理，技术经济学发展原理，以及社会、经济、技术展望等方式确定。温室气体排放情景分析的模型工具经过多年的发展验证，研究方法不断改进，研究领域不断扩展，取得了巨大的进步。

今天主流的温室气体情景分析的模型工具是综合评估模型（Integrated Assessment Model，IAM）（魏一鸣等，2013）。综合评估模型将气候系统和社会经济系统相结合，综合分析气候变化的损失、减排的成本，以及适应的成本，为决策者提供研究基础和应对策略。目前，全球开放的以应对全球变化为目的的综合评估模型多达 20 个以上，综合评估模型的分类也很多，有按模型规模进行的分类，也有根据综合评估模型中气候系统与经济连接方式进行的分类。常被讨论的有 IMAGE （the Integrated Model for the Assessment of the Greenhouse Effect）、DICE（Dynamic Integrated model of Climate and the Economy）、 CETA（a model for Carbon Emissions Trajectory Assessment）、PAGE（a model for Policy Analysis of the the Greenhouse Effect）、GCAM（Global Change Analysis Model）、GRACE（Global Responses to Anthropogenic Changes in the Environment）等模型（张雪芹等，1999；魏一鸣等，2013；王勇等，2017）。

中国从 20 世纪 90 年代开始了针对我国环境经济特点的综合环境政策模型研究，其中发展比较早的是 IPAC-E 模型（中国和全球温室气体排放情景分析模型）（姜克隽，2018）。2018 年，由北京理工大学、国家信息中心、中国科学院上海高等研究院、清华大学、北京大学等多家合作单位联合开发的“中国气候变化综合评估模型（the China’s Climate Change Integrated Assessment Model）”上线（IPCC，2018）。该模型为中国制定适应未来发展的气候变化政策提供了理论支持，为中国在未来国际气候谈判中拥有话语权提供了技术保障。

## （二）2℃和 1.5℃情景下全球和中国的碳排放空间

《IPCC 全球升温 1.5℃特别报告》（2018）指出：2℃的控温目标是以 2010 年的排放为基准，全球 2030 年要实现减排 20%，2075 年左右实现净零排放。1.5℃的控温目标是以 2010 年的排放为基准，全球 2030 年要实现减排 45%，2050 年左右实现净零排放，甲烷和黑炭在 2050 年实现减排 35% 以上（IPCC，2018）。该报告同时指出，截至 2017 年，实现 1.5℃温控目标的全球剩余碳预算还有 $7\,700\times10^8$t（50% 的概率）或 $5\,700\times10^8$t（50% 的概率），考虑到气候响应、历史温升贡献以及非二氧化碳减排水平，其不确定影响范围在 $3\,000\times10^8$t 左右。

全球温室气体的减排分配方案主要分为排放量分配方案和减排量分配方案。排放量分配方案是根据各个国家的人口或现有排放比例，从全球的排放量中获得的排放配额。减排量分配方案是根据各个国家的 GDP 占比或者历史累积排放占比，从全球所要付出的减排努力中获得减排份额，再与该国 BAU 情景下的排放相减，得到该国的碳排放配额。按减排量分配的话，有些发达国家的碳排放配额可能为负值。这表明这些国家在过去的发展中挤占了其他国家的排放空间，透支了未来排放，欠下了气候债务（Millar et al., 2017）

之前有研究表明，中国相比美国、欧盟和印度，减排力度相对较弱（Pan et al., 2017; Pont, 2017）。尽管这些研究更多地低估了发达国家的历史责任(郑艳等，2016），但是中国也确实面对来自国际社会的巨大的减排压力。

## （三）中国减排情景和路径

目前国内的减排情景研究与全球 2℃温控下中国碳预算相匹配的不多。能够实现较大概率（66% 以上）2℃温控目标的情景研究非常有限。有一些情景可以实现 2℃温控目标，但是只能达到 50% 左右的可能性。针对全球 1.5℃温控目标下的中国减排情景研究也非常有限，目前涉及 1.5℃温控目标下的中国减排情景研究的模型只有 IPAC（Integrated Policy Assessment model for China）和 CGAM（Global Change Analysis Model）。这两个排放模型主要包括能源系统模型和土地利用排放分析模型（王勇等，2017）。对于能源部门，实现 1.5℃温控目标，需要大幅度提高中国可再生能源的比例。到 2050 年，可再生能源的比例要占一次能源比例的 42% ~ 81%（姜克隽等，2009; 姜克隽，2018）。

对于工业部门，在 2℃温控目标下，工业部门相关的碳排放将在 2030 年左右达峰（高翔等，2012；Shi et al.，2019；Zhou et al.，2019；戴彦德等，2017；姜克隽等，2012）。在 1.5℃温控目标下，工业部门相关的碳排放或在近几年达峰。到 2050 年，工业部门相关的碳排放相比 2020 年要降低 90% 以上（姜克隽等，2018）。值得注意的是，建材和纺织行业相比钢铁、石油石化等行业将率先实现碳排放“达峰”（王勇等，2017）。而由于烯烃等需求的大量增长，化工行业的二氧化碳排放量可能在未来持续增长（IEA，2020）。

在 2020 年联合国大会一般性辩论和气候雄心峰会上，中国首次提出了“3060 目标”，即中国争取在 2030 年前实现碳达峰，在 2060 年前实现碳中和。

基于中国气候变化综合评估模型 / 国家能源技术模型（the China′s Climate Change Integrated Assessment Model/National Energy Technology Model, C3IAM/NETM）模拟的 24 种情景分析表明：在 GDP 低速增长，能源系统中度减排的情景下，中国能源相关的二氧化碳排放有望在 2025 年实现碳达峰，峰值约 $108 \times 10^8$t；在 GDP 高速增长、能源系统中度减排的情景下，2030 年可以实现碳达峰。为了实现碳达峰，2020—2030 年中国二氧化碳年均增长率需要低于 0.4%，即年均新增二氧化碳排放量低于 $0.5 \times 10^8$t（余碧莹等，2021）。

在能源系统大力减排，GDP 中度发展，2030 年开始部署碳捕集与封存技术(CCS)的情景下，能源系统在2020—2030年累计排放空间范围是(1 160 ~ 1 200）$\times 10^8$t 二氧化碳，能源系统需累计减排 234 $\times 10^8$t 二氧化碳，其中各行业的排放贡献率为：电力 42%，工业 35%，交通 17%，建筑 6%（余碧莹等，2021）。

基于世界与中国能源展望模型对参考情景（当前发展模式）和碳中和情景（绿色低碳的经济发展，捕集与封存技术大规模商业化，可再生能源使用比例不断增加）下碳排放趋势的研究表明：按当前发展模式，中国很难在2060 年实现碳中和；在碳中和情景下，中国能源部门的碳排放将于 2025 年前后实现碳达峰，经过 5 年平台期后开始下降，2060 年将接近碳中和目标（王利宁等，2021）。

# 第四章

## 中国生态系统碳汇的现状及潜力

生态系统碳汇在我国温室气体收支中具有重要地位。随着海洋碳循环研究的深入，“蓝碳”的巨大作用和潜力日渐得到关注。作为减缓全球变暖的途径之一，生态系统固碳增汇措施的主要目的是降低大气中温室气体的浓度。然而，由于生态系统管理活动在边界内外产生温室气体泄漏，生态系统本身植被和土壤的总固碳量无法客观反映生态系统管理措施对温室气体的真实减排量或对减缓全球气候变化的实际效应，因此当生态系统固碳措施涉及多个温室气体排放机制和环节，以及多种温室气体时，固碳措施的净潜力应为各种温室气体全球增温效应的总和，而不仅仅是植被或土壤碳库。

本部分基于陆地和海洋不同生态系统碳汇的生成机制、碳汇强度，探讨了森林和灌丛、草地、农田和海洋生态系统碳汇的研究进展和在我国的发展情况。在此基础上，探讨了不同生态系统管理措施对碳汇的贡献和固碳增汇潜力。此外，本部分从生态系统管理措施的温室气体泄漏的识别和净固碳减排入手，分析了森林、农田时典型固碳增汇措施和我国典型重大生态工程的温室气体泄漏及其对措施固碳效果的抵消作用和温室气体净减排。最后，本部分从生态系统碳汇提升和保护措施实施对生态系统碳汇和生物多样性保护的影响角度，探讨了生态系统生物多样性与碳汇功能的关系。

## 一、中国生态系统碳汇

目前全球陆地生态系统可以吸收 31% 的化石燃料燃烧和土地利用变化的碳排放。2018 年发布的中华人民共和国气候变化第三次国家信息通报和近年来研究成果（Piao et al.，2009；Ouyang et al.，2016；傅伯杰等，2019；Wang et al.，2020）表明，我国陆地生态系统可吸收国家 8%~40% 的温室气体排放。可见，陆地生态系统碳汇在维持维持我国温室气体收支平衡中具有重要地位。特别是近年来国家重大生态工程的实施和农田、草地管理措施的转变，使得我国森林（灌丛）、草地等自然生态系统质量得到恢复，农田土壤有机碳含量提高，既提高了我国陆地生态系统服务功能，也实现了可观的生态系统固碳（Ouyang et al.，2016；Liu et al.，2017； Lu et al.，2018）（图4.1）。

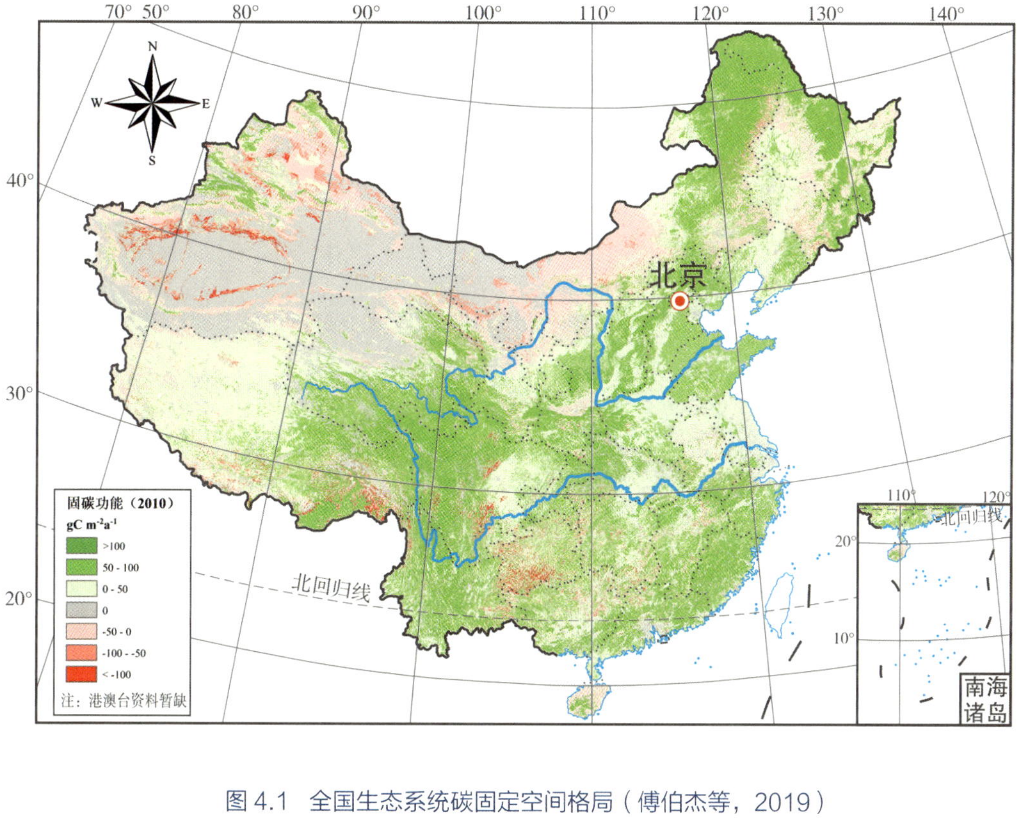


图 4.1　全国生态系统碳固定空间格局（傅伯杰等，2019）

## （一）森林和灌丛生态系统碳汇

森林生态系统中的绿色植物通过光合作用将大气中的二氧化碳转变为有机物储存在植物体内（图 4.2），随着森林生物量的增加，固碳量也在增加。

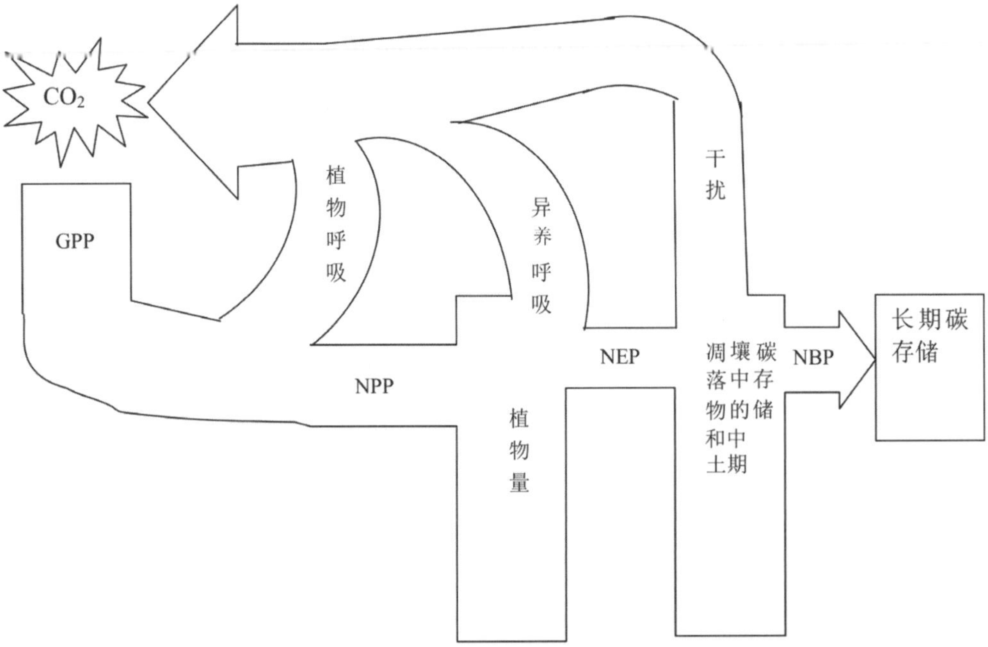


图 4.2 森林生态系统固碳过程（于贵瑞等，2003；王效科等，2015）

森林植被生长周期长，生物量大，能够在数年生长周期内固定大量的碳，固碳潜力巨大；森林生态系统的木质素、收获性木材、木质物残体、木材制品和其他木本植物也可以长期固定储存二氧化碳。另外，森林土壤也能固定由木质物残体、凋落物等输入的碳。因此，森林生态系统能够在长时间内固定大量的碳，也是我国生态系统碳汇的最主要构成部分。

森林生态系统固碳具有以下特点：首先，与农田生态系统和草原生态系统的一年生植物死亡后分解释放二氧化碳相比，森林植被寿命较长，体积和生物量更大，具有长期和大量的固碳能力。全球森林生态系统植被的固碳速率在 0.6 ~ 4t C（IPCC，2003）。其次，森林生态系统土壤固碳具有持久性，这是由于森林生态系统土壤不像农田生态系统土壤那样经常受到人为扰动，土壤固定的碳不容易被释放。另外，森林生态系统植被和土壤的碳密度也高于其他生态系统植被和土壤的碳密度，以及有较高的生产力和单位面积生物量，其净生产力和生物量分别约占整个陆地生态系统的 70% 和 86%，固碳潜力巨大。1990—2007 年全球森林生态系统的固碳潜力为 24Pg C/a（Science News，2011），森林生态系统的固碳速率为 0.12 ~ 9.64tC/（ha · a）。森林在全球和区域碳循环中具有重要作用，自 20 世纪 70 年代后期开始大规模植树造林，我国森林植被碳储量在此后的 30 年间增长了 40%，林业清查资料估算得出我国目前森林的固碳能力为 84 ~ 154 Tg C/a，并将持续到 21 世纪中叶（Hu et al., 2015； Xu et al.，2010）（表 4.1，表 4.2）。而基于遥感和模型的生态系统固碳服务研究表明，森林生态系统是全国固碳的主体，年固碳量为 355.23 Tg，占全国生态系统固碳总量的 60.04%（傅伯杰等 , 2019）。

**表 4.1　不同时期中国森林生态系统植被固碳潜力（王效科等，2015）**

| 时期 | 植被固碳潜力（Tg C/a） | 参考文献 |
|---|---|---|
| 1950—1962 | −40 | 方精云等，2001 |
| 1973—1976 | 27 | 刘国华等，2000 |
| | −10 | 方精云等，2001 |
| 1997—1981 | 27 | 刘国华等，2000 |
| | −13 | 方精云等，2001 |
| | 20 | Pan et al.，2004 |
| | −31 | 徐新良等，2007 |
| 1982—1993 | 32.6 ~ 84.2 | Piao et al.，2009 |
| 1984—1988 | 27 | 刘国华等，2000 |
| | 11 | 方精云等，2001 |
| | 13 | Pan et al.，2004 |
| | 22 | 方精云等，2007 |
| | 9 | 徐新良等，2007 |

| 时期 | 植被固碳潜力（Tg C/a） | 参考文献 |
|---|---|---|
| 1989—1993 | 27 | 刘国华等，2000 |
| | 35 | 方精云等，2001 |
| | 66 | Pan et al.，2004 |
| | 71 | 徐新良等，2007 |
| | 94 | 方精云等，2007 |
| 1990—1999 | 60 | Pan et al.，2011 |
| 1994—1998 | 26 | 方精云等，2001 |
| | 109 | 徐新良等，2007 |
| | 16 | 方精云等，2007 |
| 1994—2003 | 48.5 ~ 135.9 | Piao et al.，2009 |
| 1999—2003 | 168 | 方精云等，2007 |
| | 170 | 徐新良等，2007 |
| 2000—2007 | 115 | Pan et al.，2011 |
| 2050 | 144.6 | Xu et al.，2010 |
| | 140 | 徐冰等，2010 |

表 4.2　不同时期中国森林生态系统土壤固碳速率和固碳潜力（王效科等，2015）

| 时期 | 土壤固碳潜力（Tg C/a） | 参考文献 | 土壤固碳速率［tC/（ha·a）］ | 参考文献 |
|---|---|---|---|---|
| 1990—1999 | 31 | Pan et al.,2011 | | |
| 1977—2003 | 87.3 | 郭兆迪，2010 | | |
| 1979—2003 | | | 0.61 | Zhou et al., 2006 |
| 1982—1999 | 4.0 | Piao et al., 2009 | | |
| 20 世纪 80 年代到 21 世纪 | 11.72 | Xie et al., 2007 | | |
| 2000—2007 | 28 | Pan et al., 2011 | | |

目前，竹林的固碳功能也日益受到重视。竹林是中国南方地区十分重要的森林资源类型，适生能力强，具有优良的固碳能力，在林业应对气候变化的背景下，以积累碳汇和实现碳汇交易为目的的毛竹 *Phyllostachys edulis* 林营造活动日益增多。目前部分研究表明，毛竹林乔木层固碳量可达到5t C/( ha·a )，超过速生阶段杉木 *Cunninghamia lanceolata* ，可以达到热带山地雨林的 1.33 倍（郭起荣等 , 2005 ）。如俞淑红等人（2016）的研究表明，毛竹碳汇造林初期，在综合考虑种植和管护的温室气体排放的抵消作用后，净碳汇量二氧化碳当量仍然能达到 9.30 t/ha。

## （二）草地生态系统碳汇

草地植被通过光合作用吸收大气中的二氧化碳合成有机物质，此外，植物枯死后凋落于土壤表面，形成凋落物层，其中一部分凋落物经腐殖化作用，形成土壤有机碳固定在土壤中。这部分有机碳经土壤动物和土壤微生物的矿化作用，部分分解产物被植物再次利用，构成了草地生态系统内部碳的生物循环。目前普遍认为，草地生态系统碳汇作用主要是在土壤中（郭然等，2008； Piao et al.，2009；王效科等，2016）。

在草原生态系统中，碳输入主要来源于草原植被光合作用。主要的碳输出有植物、凋落物、土壤有机质等的呼吸作用和放牧、割草等人为活动干扰。草原生态系统固碳的能力取决于草原植被初级生产力的形成与土壤有机质分解、人为干扰引起的碳输出之间的平衡。与森林生态系统类型不同，草原生态系统的地上生物量比较低，但由于地上部分受放牧、农垦等的影响远较森林生态系统强烈，地上部分基本不具有长期的固碳能力。由于全球草原生态系统多处于高寒或干旱地区，其地下部分分解普遍较慢，地下部分固碳作用明显。另外，草原生态系统地下部分现有碳储量约占生态系统总储量的89.4%，草原生态系统固碳主要集中在地下土壤和多年生草本根系。基于遥感和模型的生态系统固碳服务研究表明，2010 年，在我国 283.68km$^2$ 的草地上，年固碳量为 48.17 Tg，占全国生态系统固碳总量的 8.14%，平均固碳能力为 50.30 g C/（$m^2$·a）（傅伯杰等，2019）。

## （三）农田生态系统碳汇

农田生态系统中，农作物通过光合作用从大气中吸收二氧化碳，形成初级总生产力（GPP）。GPP 一部分通过作物呼吸作用（RA）和挥发性有机碳（VOC）损失释放一部分碳，剩余的为农田生态系统初级净生产力（NPP），还有一部分可溶性碳随着水分运移而损失（DIC，DOC），剩余的合成有机质，以食物、饲料等形式储存在作物体内，形成农田生态系统净生产力（NEP）。储存在作物中的碳，由于作物收获 H、焚烧 F 等管理措施大部分从农田生态系统中带走，同时部分秸秆还田以及有机肥 M 和化肥的施用将大量的碳带入到农田生态系统，最终形成农田生态系统净生产力 NBP（图 4.3），即

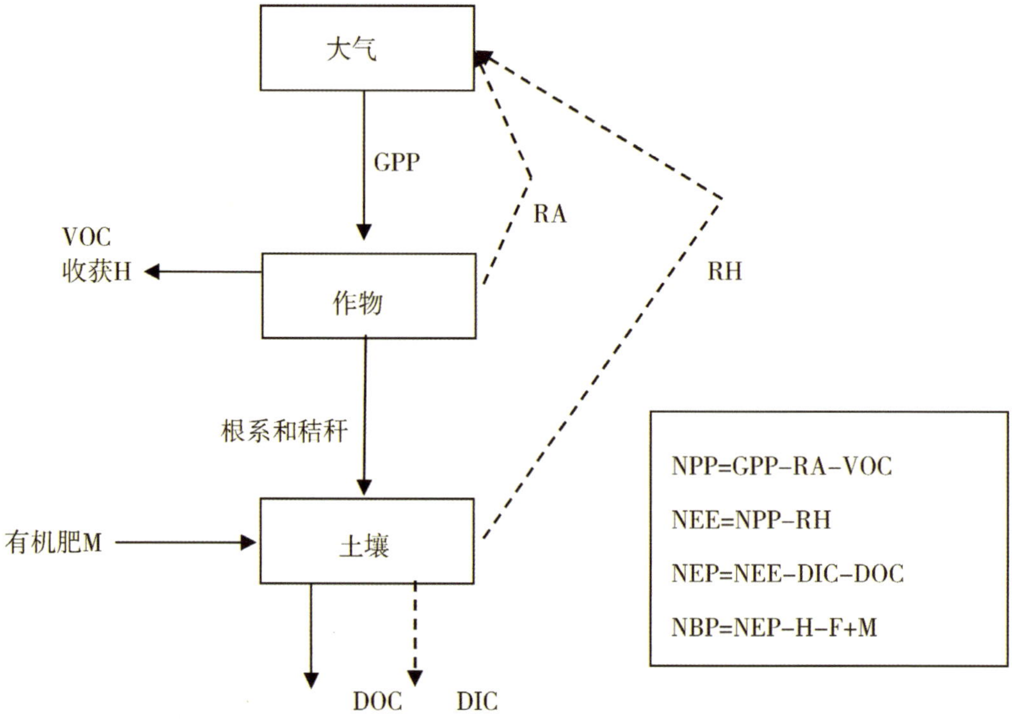


图 4.3　农田生态系统碳过程示意图（李文华等，2013；王效科等，2015）

农田生态系统固定的碳。农田生态系统固定的碳主要以动、植物残体和有机质的形式储存在土壤中（逯非等，2010；李文华等，2013；王效科等，2016）。

与森林、草地等自然生态系统相比，农田生态系统土壤碳库受人类活动的影响尤为剧烈，是陆地生态系统碳库中最活跃的部分。农田作物通过光合作用，吸收二氧化碳的固定在作物体内，农田作物收获时，移走的作物地上部分或者还田，或者供人、畜食用分解，其绝大部分固定的碳在短时间内重新以二氧化碳的形式释放，并返回到大气中。未移走的作物地上部分和地下部分死亡分解，并把碳以腐殖质的形式输入到土壤。土壤中的碳通过生物扰动和下茬作物根系生长，带入底层土壤，形成有机矿物质，可以稳定土壤结构，提高土壤质量。因此，农田生态系统对大气中二氧化碳浓度的净贡献最终取决于其土壤的固碳能力。

农田土壤固碳潜力是区域或国家农业土壤的整体固碳能力，受人类活动、土壤特性和自然环境的共同影响。出于不同的研究目的，不同研究者对固碳潜力的理解与表达不尽相同。显然，对固碳潜力范畴的界定和评估方法不同，以及研究中设定的管理情景和模式不同，造成了众多研究结果的不一致性。如在控制侵蚀、恢复严重退化土壤、保护性耕作等措施下，全球农田土壤固碳速率为 0.49 ~ 1.48tC/（ha・a）（TEEIC），固碳潜力为 400 ~ 600 Tg C/a（Lal et al.，1999）；在合理的土地利用和推荐农业管理措施（RMP）下，全球农田土壤固碳潜力为 400 ~ 800 Tg C/a（Lal，2001）；在应用土壤管理新技术下，全球农田土壤固碳潜力为 500 ~ 2 000 Tg C/a（Metting et al.，2001）；在推荐农业管理措施下，热带干旱地区农田固碳速率为 0 ~ 0.15t C/（ha・a）（Lal，2004），低于寒带湿润区的 0.1~1t C/（ha・a）（Lal, 2004a）。农田生态系统是碳源还是碳汇，与其管理方式有很大关系。如李长生等（2004）以及吴乐之和蔡祖聪（2005）基于无施肥或秸秆还田（或少量秸秆还田）得出中国农田土壤将成为碳源，而孙文娟和黄耀（2010）的基于全面施用有机肥和无机肥及秸秆还田的长期定位观测数据则得出我国农田土壤是碳汇。综合中国农田格局和管理措施的研究估算得出我国2010年农田生态系统固碳为14.94 Tg C/a，平均固碳能力仅为16.87 g C/（$m^2$·a）（傅伯杰等，2019）。

## （四）海洋生态系统和海岸带碳汇

海洋约占全球总面积的71%，每年可吸收约1/3左右的人类活动排放的二氧化碳（IPCC，2019；Carbon Project，2020），因此海洋碳汇成为近年来国际关注的焦点。联合国环境规划署（UNEP）、联合国粮农组织（FAO）和联合国教科文组织政府间海洋学委员会（IOC/UNESCO）于2009年联合发布《蓝碳：健康海洋对碳的固定作用——快速反应评估报告》（Blue Carbon: the Role of Healthy Oceans in Binding Carbon—A Rapid Response Assessment），因此海洋碳汇也被称为“蓝碳”。该报告指出，全球自然生态系统通过光合作用捕获的“生物碳”中约55%由海洋生物捕获，特别是红树林、海草床和滨海盐沼能够捕获和储存大量的碳。海岸带的红树林、滨海沼泽、海草床等海洋生态系统及浮游植物是海岸带蓝碳中的主力军，近海、开阔大洋及深海中具有更大的蓝碳储量。政府间气候变化专门委员会于2014年2月底发布《对2006 IPCC国家温室气体清单指南的2013增补：湿地》，增补了滨海湿地生态系统等温室气体排放与吸收的估算方法（赵鹏，2019）。蓝碳损失和增加被纳入国家温室气体清单工作中，成为温室气体排放和减排的一项内容。相关国家和国际组织高度重视蓝碳保护工作，还推动将蓝碳纳入《气候变化框架公约》中，加入国家温室气体清单和国家信息通报机制，并探索将蓝碳纳入国家发展规划和经济产业政策之中（范振林，2021）。

红树林湿地处于海陆交界带，是热带、亚热带海岸潮间带的重要湿地类型，也是生产力最高的海洋生态系统之一。作为生长在热带和亚热带地区潮间带的特殊湿地森林，由于红树林湿地的土壤长时间处于淹水状态，有机质分解缓慢，因而成为海岸带湿地碳库最重要的组成部分，被认为是潜在的碳库（Alongi，2012；Alongi，2014）。尽管红树林的面积相对较小，但由于其拥有相对高的净初级生产力和相对低的土壤有机碳分解速率（Adame，2015），碳储存时间长，因此红树林湿地具有很高的固碳能力。Sandilyan 等（2012）认为，红树林的碳汇能力是热带雨林的 50 倍，全球红树林地上部分及土壤每年可以固定 $2.28 \times 10^7$t C。对我国典型红树林湿地碳收支的研究表明，2010—2018 年海南东寨港红树林碳储量增加了 $9.0 \times 10^4$t C。另外，有 1.37ha 的红树林湿地退化为水域，释放了 81.36t 的碳储量。因此，2010—2018 年东寨港红树林湿地碳收支为 $+8.99 \times 10^4$t C，整体上表现为净碳汇生态系统（李翠华等，2020）。

从气候变化的视角看，红树林、海草床等碳汇受到面积的限制，对气候变化产生的影响仍然小于海洋中的碳汇，特别是以微型生物为主介导的有机碳汇与无机碳汇（焦念志，2012；刘纪化等，2021）。海洋初级生产是海洋光合生物利用光能将二氧化碳同化为有机物的过程。作为初级生产者，大型藻类是海洋碳循环过程的起始环节和关键部分。藻类通过光合作用将海水中的无机碳转化为有机碳，并降低海水中的二氧化碳分压，加速大气中的二氧化碳向海水溶入；此外，大型海藻生长过程对营养盐的吸收将提高养殖海区表层海水 pH 值，进一步降低二氧化碳分压，促进海洋碳汇（张继红等，2021）。

海洋中的浮游植物通过光合作用将无机碳转化为颗粒有机碳（Particulate Organic Carbon，POC）和溶解有机碳（Dissolved Organic Carbon，DOC）。其中，POC 在重力作用下向深海沉降并最后到达海底实现长周期储碳的生物学机制，被称为“生物泵”（Biological Pump，BP）。BP 是基于颗粒有机碳和垂直迁移过程，虽然固碳量巨大，但储碳效率并不高（Hansell et al.，2009）。微生物是驱动海洋元素循环的主体，在调节全球气候变化中起着重要作用，相关研究备受关注，微型生物碳泵（Microbial Carbon Pump，

MCP）理论，已经基本阐明了海洋惰性溶解有机碳（RDOC）来源和存储的生物地球化学机制（张传伦等，2019）。与 BP 依赖沉降和埋藏不同，MCP 储碳与深度无关，是微型生物代谢和生态过程对有机碳的转化，其产物是 RDOC，存储周期长达千年（Jiao et al.，2018）。

此外，海洋中的消费者主要可通过两种途径利用海洋中的碳：一种方式是通过钙化直接将海水中的碳酸氢根（$HCO_3^-$）转化形成碳酸钙（$CaCO_3$），即贝壳；另一种方式是通过进食水体中的颗粒有机碳（包括浮游植物、微型浮游动物、有机碎屑、微生物等）合成自身物质（Tang et al.，2011），增加生物体中的碳含量。而未被利用的有机碳则通过粪粒和假粪粒的形式沉降到海底，加速了有机碳向海底输送。例如，有研究表明，我国每年通过收获贝类可以从海水中移除近 $2 \times 10^6$ t 的碳，相当于植树造林约 $50 \times 10^4$ha（唐启升等，2016）。

## 二、中国生态系统碳增汇效应及潜力

尽管生态系统发挥了重要的碳汇功能，但当前全球变暖加剧，大气中二氧化碳等温室气体浓度持续升高表明当前的生态系统碳汇仍然不足以吸收或“中和”人为碳排放。此外，当前地球发展阶段已经进入了人类世，人类的生产、生活已经深远地影响到了全球生态系统。生态系统碳汇也不例外，其中既存在着自然积累的部分，也存在着人类管理活动对生态系统碳汇的增加或降低贡献（图 4.4）。因此，明确人类活动，特别是改善生态系统的管理措施，对减缓全球气候变暖，增加生态系统碳汇有重要的作用，是未来开展面向碳中和生态系统管理的基础。

由于生态系统管理措施的生物物理学固碳潜力巨大，相关技术实施简单，并在固碳过程中可以带来提升生态系统服务和质量，以及提高产量等效益，

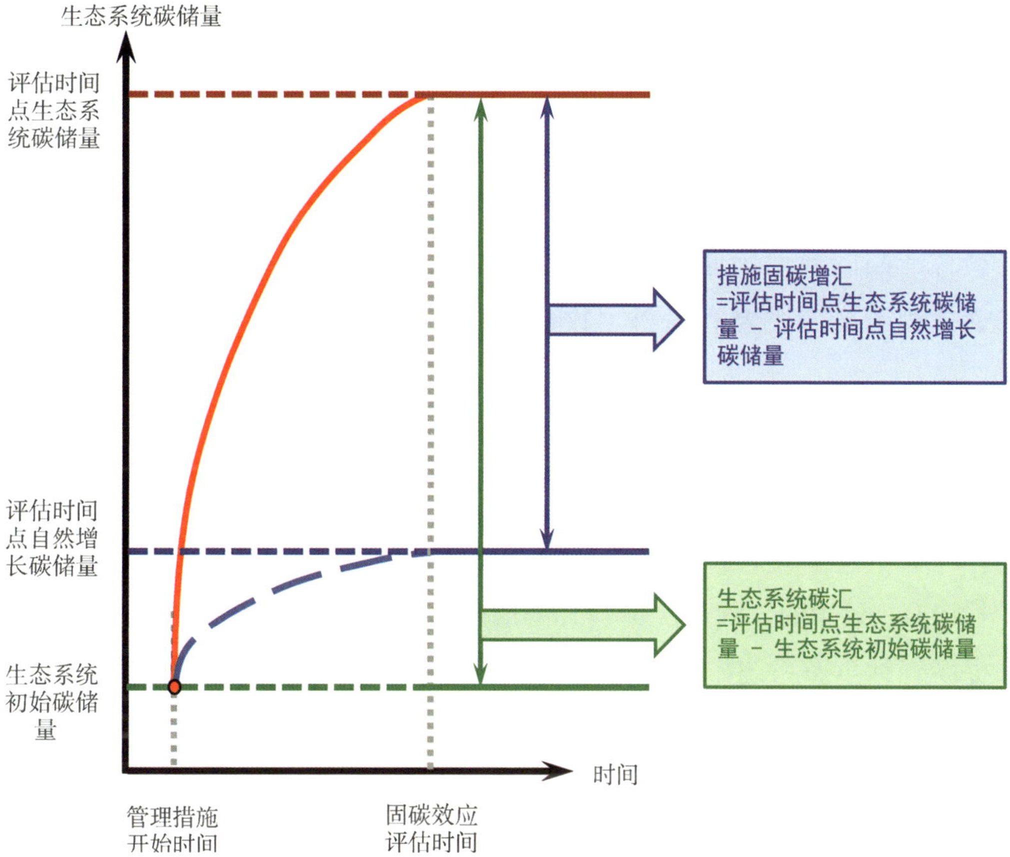


图 4.4　生态系统碳汇与措施固碳增汇示意图

生态系统固碳被认为是能源和工业部门碳减排的有力补充，可在我国开展温室气体减排行动和实现“2030 碳达峰”与“2060 碳中和”中发挥关键作用，通过生态系统固定二氧化碳来减缓全球气候变化已成为国际社会的基本共识（方精云等，2015），并以“增加生态系统碳汇”的形式被写入《中国应对气候变化的政策与行动 2020 年度报告》。

## （一）森林灌丛生态系统管理和林业重点工程固碳效应

天然林保护等林业重点工程在 21 世纪前 10 年的固碳贡献达到了 60 Tg C/a（Lu et al.，2018）；全球林产品模型（GFPM）的预测结果表明，未来 15 年森林的平均年碳汇量将达到 110 ~ 125 Tg C/a，对 2030 年中国自主减排目标的贡献率约为 4.87% 和 4.48%（姜霞等，2016）。

林业固碳措施主要有造林、再造林、退耕还林、减少森林采伐、森林恢复、通过森林经营增加林分碳密度、森林防火、森林病虫鼠害防治、提高林产品的异地碳储量、促进产品和燃料的替代等。目前，我国采取的森林固碳措施主要有退耕（牧）还林、封山育林、植树造林、低效林改造等。

造林是指在很长时间以来没有森林的土地上进行规模植树（IPCC，2000）。“京都议定书”认为造林可以减少化石燃料燃烧释放的温室气体，是增加陆地生态系统碳汇的可行方式（Lal，2008）。目前，全球造林面积约有 264 Mha，约占全球森林总面积的 6.6%。造林能够通过植被生长来提高森林生态系统生产力，从而把大量的碳固定和保存在新生的植被中（Humpenöder et al.，2014），在树木成熟和土壤碳收支达到平衡之前，固碳作用一直在进行，这个过程一般能够持续数十年甚至上百年（刘魏魏等，2016；Gorte，2009）。造林不仅能够固定大量的碳，相对于其他固碳措施还具有成本优势（King et al.，2012；Mason et al.，2011）。因此，过去十多年以来全球进行了大面积的造林，2000—2010 年全球造林面积以 5.6 Mha/a 的速度增加。全球造林主要集中在拉丁美洲和撒哈拉以南的非洲，以及北半球的欧洲、中国和美国等地区和国家。造林对增加全球森林资源、提高森林生态系统固碳能力产生了重要的影响。

全球造林的碳汇约为 148 ~ 2 400 Tg C/a（Pan et al.，2011；Lal，2008；Houghton，2003；IPCC，2000；Dixon et al.，1994），能够抵消全球人为二氧化碳排放量（约为 5 200 Tg C/a）的 2.8% ~ 46.2%。预计到 21 世纪中期全球造林的碳汇将达到 310 ~ 2 721 Tg C/a，能够抵消全球人为二氧化碳排放量的 6% ~ 52.3%。我国是世界上造林最多的国家（FAO，2010），进入 21 世纪以来造林面积达到 36.2 Mha（Fang et al.，2014），约占森林总面积的 23%（Xu et al.，2010）。Fang

等（2014）利用森林清查资料和生物量连续因子转换法估算了过去 30 年我国造林的植被碳汇为 23.4 Tg C/a。预计到 2050 年，造林面积将再增加 21.7 Mha（Huang et al.，2012），碳汇可以达到 57.1 ~ 62.8 Tg C/a（Huang et al.，2012；Xue et al.，2010），能够抵消同时期化石燃料温室气体排放的 4.6% ~ 7.1%（Xu et al.，2010）。Lu 等（2018）研究报道我国重大造林和生态保护工程发挥了巨大的碳汇效应，重大生态工程的碳汇达到 74 Tg C/a，对工程实施区的碳汇贡献达到 56%。另外，我国森林植被碳储量的增加主要是造林导致的森林面积扩张引起的，森林植被碳密度增加对碳储量增加的贡献相对较小（Fang et al.，2014）。因此未来我国森林植被碳密度还有很大的提升空间，固碳能力还很大。未来 10 ~ 20 年，随着森林的生长，我国森林植被还可以固定 1.9 ~ 3.4 Pg C（Tang et al.，2018）（表 4.3）。

表 4.3　中国森林生态系统不同固碳措施的固碳速率和固碳潜力

| 固碳措施 | 固碳速率（t C/ha・a） | 固碳潜力（Tg C/a） | 参考文献 |
| --- | --- | --- | --- |
| 造林 | 1.4 | 1810 | 刘江，2001 |
| | | 21 | 方精云等，2001 |
| | | 57.1 | Xu et al., 2010 |
| | 1.41 | 4.26 | 胡会峰，刘国华，2006 |
| 再造林 | | | |
| 天然林保护 | | 48.55 | 吴庆标等，2008 |
| | | 8.81 | 胡会峰，刘国华，2006 |
| 森林管理保护 | | 16.25 | 吴庆标等，2008 |
| 森林管理和土壤保护 | 由 0.55 t C/ha・a 提高到 0.78 t C/ha・a | 由 96 Tg C/ha・a 提高到 152 Tg C/ha・a | Shao et al., 2011 |
| 退耕（牧）还林 | | 32.59 | 吴庆标等，2008 |
| 火灾控制 | | 11 | Shao et al., 2011; Piao et al., 2009 |

森林经营管理措施被认为是影响森林生态系统固碳能力的重要因素之一（Shi et al.，2010），营林措施可能通过影响森林生产力而对森林生态系统碳固定、储存和排放产生影响。De Jong 等（2000）研究发现不同技术及管理水平可以在很大程度上影响南墨西哥森林碳汇能力。合理的森林经营管理是增加森林生态系统碳库的一个有效途径（陈广生等，2007）。

森林抚育管理（封山育林、幼林抚育和间伐等）能提高疏松土质，改善通气透水性能，促进林木生长，提高林木生物量和质量（Johnson et al.，2001），从而达到增汇的目的。加强对现有森林的抚育和管理，将会使森林碳汇能力进一步提高（樊登星等，2008）。封育管理有效增强了森林生态系统碳积累能力。张国庆（2008）研究发现封育后，马尾松林碳密度比非封育管理增长了 35.2 t C/ha。张林等（2009）在对长江中上游防护林体系森林植被碳储量的研究中指出封山育林以及合理的种植等手段能够在一定程度上增加碳汇能力。间伐的主要目的是提高树木的竞争力，增加立木的经济价值，因此间伐的主要目的不是增加碳固定。Amiro 等（2010）利用涡度相关分析法研究发现间伐当年佛罗里达森林总初级生产力（Gross Primary Productivity，GPP）和净初级生产力（Net Primary Productivity，NEP）降低，以后逐渐增加，观测的 3 年内生态系统呼吸（Ecosystem Respiration，ER）增加。间伐也使亚马孙黄松的 GPP 和 NEP 降低，间伐后 2 年内 ER 增加，使森林呈碳中和状态。张治军（2009）研究了不同间伐强度下 25 年生马尾松的固碳能力，结果表明中度间伐强度下森林碳储量最大，而轻度间伐强度下固碳能力最大。

长期以来，通过森林清查资料和遥感手段获得森林植被碳汇的技术非常成熟，产生了大量的研究成果，而对森林土壤碳汇的研究则较少。“成熟森林碳循环趋于平衡”是现今大量生态学模型的基础。因此，成熟森林在全球碳循环研究中一直被看作近似于“零碳汇”的系统。关于成熟森林土壤有机碳的长期动态尚未见报道。Zhou 等（2006）对位于广东省中部的鼎湖山国家自然保护区内成熟森林（林龄 400 年以上）土壤有机碳进行长达 25 年的观测，结果显示，该森林 0 ~ 20 cm 土壤层的有机碳储量以平均每年每公顷 0.61 t 的速度增加。该结果表明成熟森林可持续积累碳，因此可能是重要的碳汇，这为确认成熟森林作为一个新的碳汇奠定了理论基础。此外，Lu 等（2018）的研究结果表明，我国在 2000—2010 年开展大规模造林，其中，天然林保护工程、退耕还林工程、京津风沙源治理工程、三北防护林体系工程和长江珠江流域防护林体系工程的土壤固碳占比为 12.6% ~ 46%。然而，Hong 等（2020）在全球植树造林的热点区域——中国北方地区，通过对 619 个造林样方、163 个对照样方，共 11 775 个土壤样品的采集和分析研究表明，植树造林并不总是增加土壤有机碳含量，其对土壤有机碳的影响取决于本底土壤碳储量。在土壤本底有机碳丰富的区域，造林会降低土壤有机碳储量，尤其是深层土壤的有机碳含量；而在土壤本底有机碳较为贫瘠的区域，造林则会促进土壤碳的积累，且在土壤表层最为显著。研究还发现，土壤和植被碳储量对植树造林的响应并不一致。植被碳库增加并不意味着土壤碳积累，两者的比例受到树种等多重因素的影响且具有很强的空间异质性。考虑本底碳储量、树种等因素的影响后，我国北方造林区域的土壤碳库增加低于基于地上生物量估算的土壤碳储量变化。该研究成果不仅对准确评估植树造林的碳汇效益具有重要意义，也为实现造林工程生态效应的最大化提供了科学依据。

## （二）草地生态系统管理固碳措施和效应

草地固碳管理措施有草场围栏、禁牧、休牧、轮牧、适度放牧、种草、施肥、补播、改良草场、退耕还草和火灾控制。全球草原生态系统，实施放牧管理、施肥和火灾控制管理固碳措施的固碳速率，在干旱寒冷地区和干旱温暖地区为 0.11t C/（ha · a）；湿润寒冷地区和湿润温暖地区为 0.81t C/（ha · a）（IPCC，2007）。

美国大自然保护项目和中国恢复放牧草地项目大力支持退化草原一段时

间内实施围栏措施（Tennigkeit et al.，2008）。通过围栏措施可以恢复半荒漠退化草原和温带湿润区退化草原（Amezquitaet al.，2008）。我国内蒙古退化草原实施围栏措施后，固碳速率能够达到 2.35~4.33 t $CO_2$-eq/（ha · a）（Li et al.，2007；Zhou et al.，2007），也有报道（石锋等，2009）为 0.5t C/（ha · a），固碳潜力能够达到 12.01 Tg C/a。2004 年是中国草原管理投资较多的年份，草场围栏的工程面积均有较大的提高，其新增的固碳能力为 3.09 Tg C/a（郭然等，2008）。据内蒙古锡林浩特的定位观测显示，围封 3 年、8 年、20 年和 24 年的草原土壤有机碳储量分别增加 13%、15%、21% 和 36%（Wu et al.，2008）。但是也有研究发现，由于放牧有可能增加牧草生产力和土壤的碳输入，围栏不利于半干旱草原（Nosetto et al.，2006；Shresta et al.，2008）和热带草原的固碳（Moussa et al.，2007）。另外，围栏使牲畜不易接近适牧草原，容易造成未围栏草原放牧强度的增加，还不利于增加牧民收入（Tennigkeit et al.，2008）。

适度放牧能够提高草原生态系统牧草现有和再生叶片的光合能力，加快叶片和茎秆的生长速度，以补偿牧草原上生物量因牲畜采食而降低光合效率的负效应，刺激牧草的生长，提高植物生产力，增加草原植被固碳能力，并增加向土壤的碳输入。适度放牧时，全球草原生态系统的固碳速率为 0.35t C/（ha · a）（Conant et al.，2001），也有报道（Tennigkeit et al.，2008）为 2.16t $CO_2$-eq/（ha · a），能够使草原碳含量增加 0.13%。适度放牧后，草原生态系统碳的输入量显著高于输出量，净固碳为 84.89g/$m^2$（李玉强等，2006），植物－土壤系统的碳储量为 1494.69g/$m^2$。因此，适度放牧恢复区表现为净碳素积累，有益于大气中二氧化碳的固定，适度放牧后有利于增强沙质草原的碳汇作用。

## （三）农田生态系统管理固碳措施和效应

农业固碳措施主要有施肥、灌溉、秸秆还田、轮作、免耕少耕、使用保护性耕作技术、改善机耕及作物覆盖等。预计到 2030 年，全球农业土壤实施恢复耕作有机土壤、提高农田管理措施（包括农艺管理、营养管理、耕作管理和水分管理）和农林间作、提高草地管理措施、提高农业能源利用效率、恢复退化土地、稻田管理和牲畜管理（包括改善饲养操作、有机肥管理等）等固碳措施的固碳潜力分别为 1 260 Tg $CO_2$–eq/a、1 110 Tg $CO_2$–eq/a、810 Tg $CO_2$–eq/a、770 Tg $CO_2$–eq/a、690 Tg $CO_2$–eq/a、210 Tg $CO_2$–eq/a 和 260 Tg $CO_2$–eq/a（IPCC，2007）。

关于施肥对农田生态系统土壤的固碳效果，不同学者的研究结论不同，有研究认为施肥能够促进农田生态系统土壤固碳，也有研究认为施肥容易造成农田土壤碳损失。一般认为，合理的施肥可以提高肥料的利用效率，避免肥料中碳素的泄漏损失；合理的施肥还能够促进作物生长，增加作物产量，增加土壤中残茬和根系的碳素输入；施肥还能影响土壤微生物数量和活性，进而影响有机碳的生物分解过程。从全球不同地区或国家农田施肥的固碳能力，可以看出施肥后有机碳明显积累，农田生态系统固碳能力提高。据估计，施用化肥全球农田土壤的平均固碳速率为 0.13t C/（ha・a），固碳潜力可达 100 Tg C/a（Lal et al.，1999）。施肥营养管理下，全球热带地区农田固碳速率为 0.2 ~ 0.5t C/（ha・a），干旱地区为 0.1 ~ 0.3t C/（ha・a）（Lal，1999；IPCC，2007），湿润地区为 0.55t C/（ha・a）（IPCC，2007）。不同地区或国家施肥农田土壤固碳能力差异明显，这可能主要与各地的土壤类型、作物类型、肥料种类以及环境因子等有关。然而，施肥尤其是单独施用化肥容易造成农田土壤碳损失，这可能是因为施肥导致土壤氮素增加，促进了土壤有机质的矿化速率，增加了土壤碳的泄漏。例如，中国在施用化肥现状和按推荐量施肥两种情况下的农田土壤固碳潜力分别为 21.9Tg C/a 和 30.2 Tg C/a，而单施化肥的总碳泄漏则分别为 72.9 Tg C/a 和 91.4 Tg C/a，两种情景的有效固碳潜力分别为 –51.0 Tg C/a 和 –61.1 Tg C/a（逯非等，2008）。可见，当考虑碳泄漏因素时，施用氮肥所引起的泄漏完全抵消了其在农田土壤中的固碳。因此，施用氮肥作为农田固碳措施是不可行的，增加氮肥施用量将加剧温室效应。

长期免耕和保护性耕作可以保留更多的作物残茬进入土壤，减少土壤扰动和土壤侵蚀，增加土壤渗透性和生物多样性（Lal，2003），以及增加表土层土壤微生物碳、氮含量和土壤团粒结构，并通过陆地生物及落叶的转化，增加土壤有机碳固定，促进土壤碳积累。全球不同国家实施免耕措施，农田土壤固碳能力具有差异，其中欧盟全部农田均免耕的固碳速率为0.38t C/(ha·a)（Smith，2004），固碳潜力为43 Tg C/a；欧盟（EU15）全部农田均免耕的固碳潜力为23 ~ 24.4 Tg C/a（Smith et al.，1998；Smith，2004）；加拿大农田实施免耕措施后的固碳速率为0.07 ~ 0.16t C/（ha · a）（Smith et al.，2000a；Smith et al.，2000b）。另外，由传统耕作转变为免耕，可以提高土壤的固碳能力。研究发现（West et al.，2002），全球农田由传统耕作转变为免耕土壤后的固碳速率为（57 ± 14）g C/（$m^2$ · a），也有报道为24 ~ 40 g C/（$m^2$ · a）（Lal et al.，1999）和10 ~ 50 g C/（$m^2$ · a）（Lal et al.，1998a）。据估计，全球实施保护性耕作的固碳能力为1480 ~ 1490 Tg C（Lal et al.，1998b）。20世纪80年代以来，美国通过保护性耕作的管理措施，每年使农田土壤机碳增加约140 Tg C（Houghton，1999）。假设已损失碳的50%能得到恢复是可行的，美国和加拿大农田固碳的潜力总计约为3 Pg。据估计，北美连续10年实行保护性耕作后，耕作层土壤中有机碳含量会增加7% ~ 30%（Angers et al.，1997；Paustian et al.，1997），也有报道认为增加10% ~ 50%（Yang et al.，2001）；加拿大和澳大利亚实施保护性耕作措施后农田土壤固碳速率和美国一样，均为0.2 ~ 0.4t C/（ha · a）（IPCC，1999）；欧盟实施保护性耕作措施后农田土壤固碳速率小于0.38t C/（ha · a），欧盟15国的固碳潜力小于24.4 Tg C/a（Smith，2004）；而热带地区的固碳速率相对较高，为0.2 ~ 0.5t C/（ha · a），干旱地区相对较低，为0.1 ~ 0.2t C/（ha · a）（Lal，1999）。

秸秆还田措施能够直接把秸秆中含有的碳输入到土壤中，直接增加土壤固碳量，同时秸秆分解释放的有机物能够促进作物生长，增加作物固碳，另外还可以避免秸秆焚烧过程中产生温室气体。作物秸秆还田量与土壤有机碳含量呈线性关系。据估计，实施秸秆还田后全球农田土壤的固碳潜力可达 200 Tg C/a（Lal et al.，1999）。其中，欧洲农田秸秆还田后土壤固碳速率为 0.69t C/（ha·a），实施秸秆还田后欧盟 15 国农田土壤固碳潜力达到 5.5 Tg C/a（Smith, 2004），如果欧洲所有农田均采取秸秆还田措施，欧洲农田土壤的固碳潜力可达 34 Tg C/a（Vleeshouwers et al.，2002）。

施用畜禽粪便一方面能够直接增加土壤碳的输入量，另一方面还可以通过提高土壤微生物活性，促进作物生长，增加作物固碳能力。长期施用畜禽粪便等有机肥能够显著提高土壤质量，增加土壤固碳能力。例如，欧洲施用畜禽粪便后农田土壤的固碳速率为 0.38t C/（ha·a），固碳潜力为 23.7 Tg C/a( Smith, 2004 )。一般来说，施用畜禽粪便等有机肥比施用无机肥，土壤有机碳积累明显，农田生态系统净固碳效应明显提高。美国密歇根州西南部土壤施用畜禽粪便等有机肥比施用无机肥微生物碳量要高（Wilson et al.，2001）；欧洲中部施用有机肥比施用无机肥，土壤能够固定更多的碳；新西兰施用有机肥土壤比施用无机肥土壤有机碳浓度和微生物活性更高（Condron et al.，2000）。

### （四）海洋生态系统管理固碳措施和效应

我国是全球同时拥有红树林、盐沼和海草床生态系统的国家之一，也是全球大型海藻养殖规模最大的国家，发展蓝碳对于我国实现碳中和具有重要的理论和现实意义（焦念志，2021）。近 10 年来，“中国蓝碳计划”得到大力推进（Jiao et al.，2018; Wang et al.，2020）。该计划中大型海藻由于能够在人为措施下有效增加海洋固碳能力，增加海洋负排放，减缓全球变暖，处于非常重要的战略地位（Hartmann et al.，2013；杨宇峰等，2021）。大型海藻为大气中二氧化碳主要捕获载体，规模栽培的大型海藻在生长过程中能高效进行光合作用，增加海洋碳汇。收获的大型海藻还可生产琼胶和作为鱼、鲍等经济动物的饵料。部分大型海藻凋落物形成碎屑或被微型生物分解后形成溶解有机碳（DOC）输出至附近海域，起到积极的碳汇作用。目前，我国大型海藻栽培海域面积仅占我国近海海域面积的 0.3%，大型海藻栽培规模还有巨大潜力和发展空间（焦念志等，2021）。大型海藻栽培还可通过发展贝藻、鲍藻、鱼藻复合养殖提高经济动物养殖海域的固碳增汇能力，在直接驱动养殖海域生物地球化学循环方面，具有重要的碳中和与负排放作用（Zhang et al.，2021）。大型海藻碳汇过程主要是通过光合作用，吸收碳并降低海水和大气中二氧化碳浓度，增加海洋碳汇和水体溶氧。大型海藻固碳潜力预测显示，全球陆架区大型海藻固碳潜力每年可达 0.7 Gt，约占全球海洋年均净固碳总量的 35%（Alpert et al.，1992）。我国近海规模化大型海藻栽培养殖的固碳效应研究表明，1999—2012 年我国近海大规模栽培的大型海藻年均固碳量分别为：海带 $26.45\times10^4$t、裙带菜 $3.23\times10^4$t、紫菜 $2.24\times10^4$t、江蓠 $2.01\times10^4$t、其他 $7.93\times10^4$t，合计 $41.86\times10^4$t（权伟等，2014）。

## 三、生态系统固碳措施的温室气体泄漏和净 GHG 减排

### （一）温室气体泄漏的概念与识别及温室气体净减排

生态系统温室气体泄漏或碳泄漏的概念早期应用于 CDM 造林再造林（CDM-AR）等林业碳汇项目，其中温室气体泄漏指发生于项目边界之外的，由项目引起并且可测量的温室气体源排放的增加量（武曙红等，2006）。生态系统管理活动产生温室气体泄漏的途径包括：活动转移，即管理措施的实施导致区域内维持农民生计的活动等受到限制，从而导致活动转移至边界外的周边地区并引起碳排放量增加；市场泄漏，指生态系统管理活动的实施改

变相关商品与服务的供求平衡及价格平衡，从而引起项目边界外的碳排放增加或减少（武曙红等，2006）；排放转移，也称生命周期排放转移，指生态系统管理活动导致周边地区其他相关活动源排放增加（Schwarze et al., 2002; 武曙红等，2006）；生态泄漏，指生态系统管理活动改变区域生态环境，从而使周边地区碳排放的增加或减少，或引起其他痕量温室气体排放变化（武曙红等，2006；Lu et al., 2010；刘博杰等，2017）。Auckland et al.（2003）将森林经营与管理活动的温室气体泄漏分为基础泄漏（primary leakage）和次级泄漏的（secondary leakage）。基础泄漏指森林经营与管理活动直接导致边界内的碳排放转移至边界外，如薪炭材采伐、木材采伐和放牧活动转移；次级泄漏指森林经营与管理活动间接刺激其他地区碳排放增加（Ravindranath et al., 2009），如一个地区由于森林保护导致木材产量减少和木材价格升高，从而加剧了其他地区的木材采伐（Auckland et al., 2003）。次级泄漏与基础泄漏的区别在于：产生次级泄漏主体并非直接由边界内转移而来，而是由边界内森林经营与管理活动间接引发的其他主体所造成（Henders et al., 2012）。除此之外，基础泄漏通常只发生在森林经营与管理活动的周边地区，而次级泄漏由于受市场效应的影响（Schwarze et al., 2002），因此可在国家甚至全球尺度上产生（Henders et al., 2012）。

由于生态系统管理活动在边界内外产生温室气体泄漏，生态系统本身植被和土壤的总固碳量无法客观反映生态系统管理措施对温室气体的真实减排量或对减缓全球气候变化的实际效应（逯非等，2009；刘博杰等，2017）。作为减缓全球变暖的途径之一，生态系统固碳增汇措施的主要目的是降低大气中温室气体浓度（West et al., 2002）。考虑到温室气体泄漏的抵消作用，当生态系统固碳措施涉及多个温室气体排放机制和环节，以及多种温室气体时，固碳措施的净潜力应为各种温室气体全球增温效应的总和（IPCC, 2007），而不仅仅是植被或土壤碳库（Oenema et al., 2001；Robertson et al., 2004；Smith, 2004）。不同的研究中对于生态系统固碳增汇措施对大气中温室气体浓度的总影响有不同的称呼，如有效固碳潜力（available soil carbon sequestration potential）、总减排潜力（total mitigation potential）、总净碳截存量（total net amount of carbon sequestered or saved, TSC）、净固碳量（net C sequestration）等（Lal，2004； Lat，2007），但它们都一致地体现了生态系统固碳增汇措施对大气温室气体总全球增温潜势的影响和减缓能力。管理活动对温室气体减排和全球气候变暖减缓的净贡献应体现为净固碳能力，即固碳量扣除边界内外的温室气体泄漏（Schwarze et al.，2002；刘博杰等，2016 a；刘博杰等，2016b）（图 4.5）。评价一个生态系统固碳增汇措施的效果，应当以该措施的 NMP 而非植被和土壤固碳潜力为依据：如果措施具有正的 NMP，则从减少温室气体浓度的角度可行；反之，如果措施 NMP 为负，则意味着该措施的实施将加剧全球变暖，作为固碳措施不

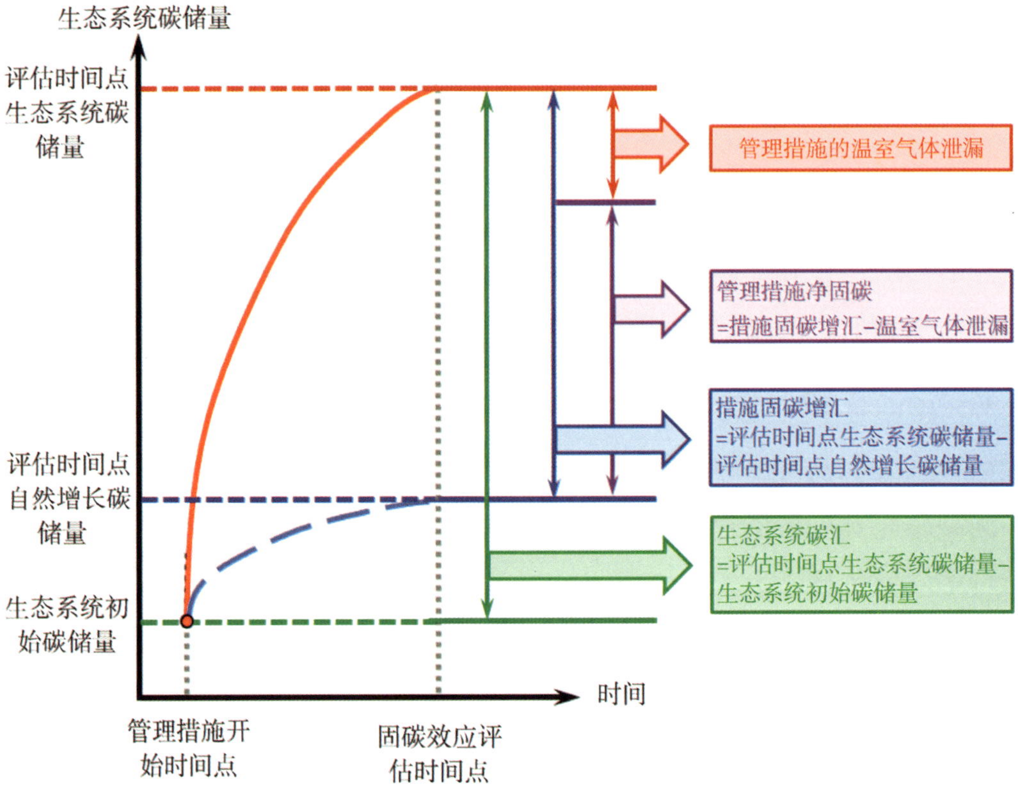


图 4.5 温室气体泄漏对生态系统管理措施固碳效果的抵消作用和净固碳示意图

可行。最后，从净固碳的角度看，通过减少生态系统管理活动产生的泄漏可以进一步提高森林的净固碳能力。可在事前分析边界内可能存在的主要温室气体排放源（热点碳排放源）并提前采取措施减少碳排放。除此之外，在生态系统管理措施实施过程中通过监测与控制可以进一步减少温室气体排放与碳泄漏。

## （二）森林生态系统固碳措施的温室气体泄漏与减排增汇潜力

生态系统固碳措施的碳（温室气体）泄漏研究开始于林业碳汇项目。林业碳汇项目固碳的有效性要求将项目隐藏的温室气体泄漏剔除以保证固碳的额外性（陈先刚等，2009）。林业碳汇项目边界内的营造林过程生产和运输物资（包括燃油、灌溉、肥料、药剂和建材）产生的碳排放（Smith et al.，2013；刘博杰等，2016；Liu et al.，2018；Liu et al.，2020），以及林业碳汇项目可通过活动转移、市场影响、排放转移和生态泄漏直接或间接导致边界外温室气体排放增加或减少（Liu et al., 2018；Liu et al.，2020），均属于温室气体泄漏的范畴（武曙红等，2006）。目前，国内外已有关于森林经营与管理活动的净固碳量以及边界内外温室气体排放和碳泄漏对固碳量抵消强度的报道。如在森林生态系统管理对温室气体收支影响的研究方面，Liu 等构建了森林碳计量与净减排核算方法（CANM–Forest）（图 4.6），明确 2000—2014 年我国森林火灾、病虫鼠害和采伐造成的温室气体排放量为 63.9 Tg C/a， 2000—2014 年我国森林管理和资源利用的温室气体排放量为 17.7 Tg Ce/a，森林生产净碳汇（NCS）年均为 189.8 Tg Ce/a。同时期，随着木材产量增加 $35.1\times10^6$ $m^3$，以及累积施肥量增加 $10.9\times10^6$ t，森林生产温室气体排放也呈现增长趋势。因此净碳汇由 227.3 Tg Ce /a 降低到 186.8 Tg Ce/a（图 4.7）。

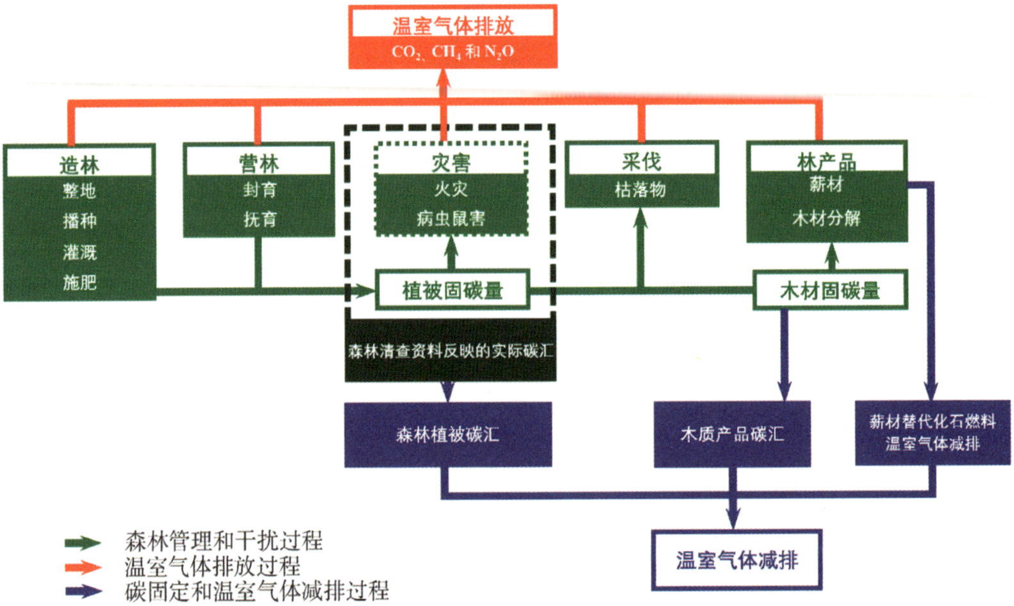


图 4.6　森林碳计量与净减排核算方法（CANM-Forest）

随着温室气体排放和碳泄漏计入边界的逐渐扩大，温室气体排放和碳泄漏对固碳量的抵消强度逐渐增加（表4.4）。当仅考虑边界内温室气体排放时，抵消强度为0.01% ~ 19.32%，且随着森林经营与管理措施计入边界的扩大抵消强度有所增加。苗圃内生产苗木产生的温室气体排放对固碳量的抵消强度要高于营造林活动；除了边界内温室气体排放，当计入活动转移碳泄漏时，抵消强度可增加至41.54%；当考虑市场碳泄漏时，抵消强度明显增加至2% ~ 95%。因此，边界内外温室气体排放和碳泄漏对固碳量的抵消强度体现为：市场碳泄漏>活动转移碳泄漏>边界内温室气体排放。如果仅考虑森林经营与管理在边界内直接产生的温室气体排放与可测量的活动转移碳泄漏，林业固碳措施具有较好的净减排效益（刘博杰等，2016a；刘博杰等，2016b）。

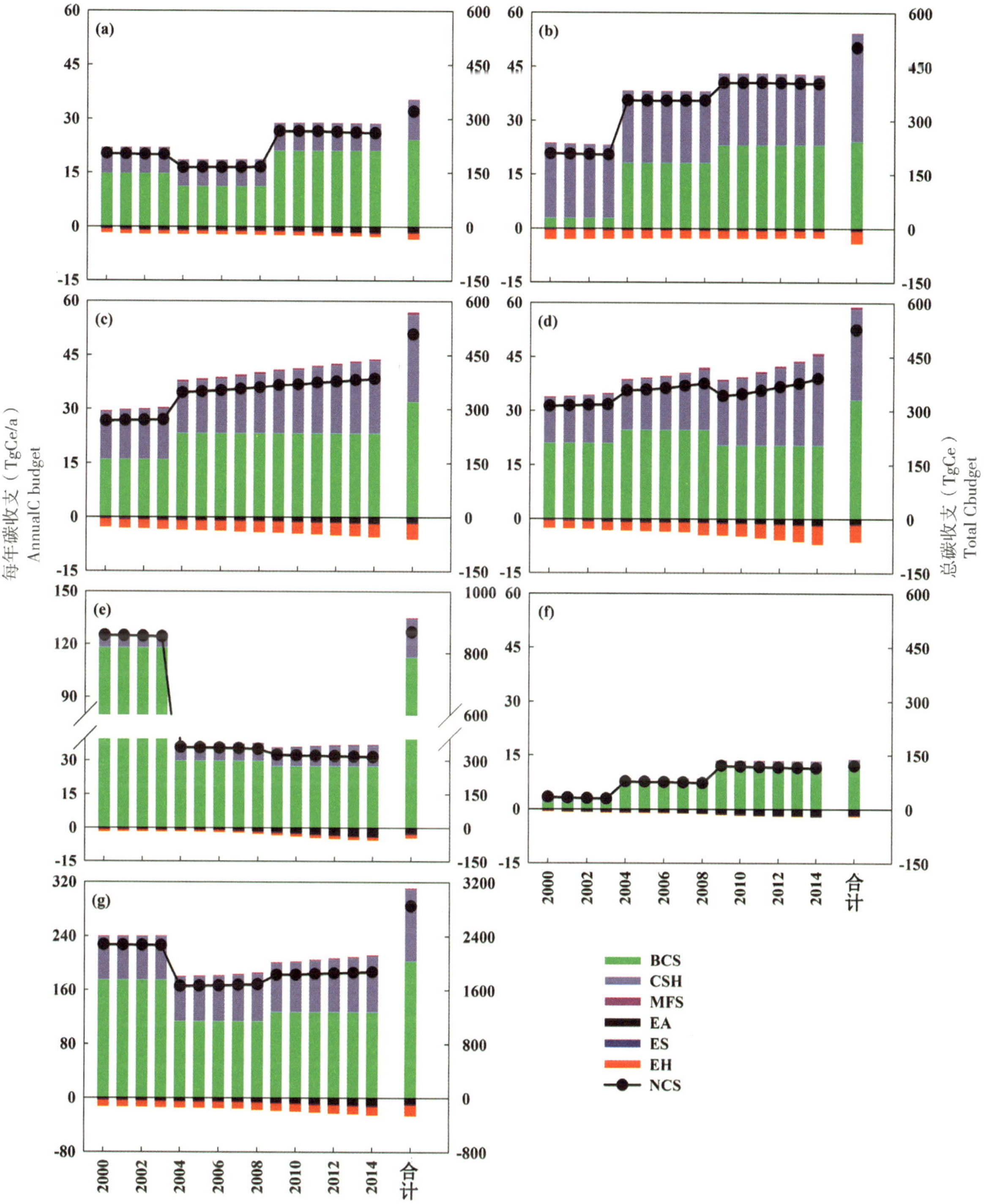


图 4.7　我国森林生产温室气体收支的时空变化

表 4.4 国内外森林经营与管理净固碳量研究案例（刘博杰等，2017）

| 案例名称 | 净固碳量（Gg C） | 温室气体排放和碳泄漏对固碳的抵消强度 (%) | 参考文献 |
|---|---|---|---|
| 云南省临沧市膏桐能源林造林 | 277.4 | 14.29 | 欧光龙等，2010 |
| 八达岭造林碳汇项目 | 297.4 | 0.01 | 魏亚韬，2011 |
| 贵州省贞丰县林业碳汇项目 | 332.8 | 0.24 | 尹晓芬等，2012 |
| 浙江省嘉兴市碳汇造林项目 | 12.52 | 0.19 | 李梦等， 2013 |
| 克拉玛依造林减排项目 | 118.0 | 0.23 | 赵福生等，2015 |
| 天然林资源保护工程 | $139.8 \times 10^3$ | 9.82 | 刘博杰等，2016a |
| 退耕还林工程 | $203.5 \times 10^3$ | 19.9 | 刘博杰等，2016b |
| 玻利维亚木材产量调减项目 | — | 2 ~ 38 | Sohngen et al., 2004 |
| 美国森林保护项目 | — | 7.9 ~ 92.2 | Murray et al.， 2004 |
| 美国卡斯克德山西部花旗松经营与管理温室气体排放 | （59.76 ~ 170）× $10^{-6}$/（ha·$m^3$）薪材 | 2.5 ~ 6.8 | Sonne，2006 |
| 墨西哥恰帕斯州林业项目 | — | 可忽略 | De Jong et al.， 2007 |
| 全球森林保护 | — | 42 ~ 95 | Gan et al., 2007 |
| 菲律宾马加特流域森林保护项目 | （11.4 ~ 15.8）× $10^3$ | 18.97~41.54 | Lasco et al., 2007 |
| 加拿大魁北克北部黑云杉造林 | $76.65 \times 10^{-3}$/ha | 0.5 | Gaboury et al., 2009 |
| 全球森林保护 | （61.44 ~ 67.84）× $10^6$ | 47 ~ 52 | Sun et al., 2009 |
| 芬兰木材生产净碳收支 | （13.36 ~ 91.91）× $10^{-9}$/（$m^2$·a） | 0.38 ~ 0.64 | Kilpelainen et al., 2011 |
| 美国加利福尼亚州苗圃经营 | （2.96 ~ 11.82）/a | 20 ~ 50 | Kendall et al., 2012 |
| 发展中国家森林减少毁林 | — | 5 ~ 95 | Jonsson et al., 2012 |
| 中国森林保护 | — | 79.7 ~ 88.8 | Hu et al., 2014 |
| 全球森林保护 | — | 0.5 ~ 11.3 | Kuik, 2014 |
| 挪威东部森林经营与管理 | $207.3 \times 10^{-6}/m^3$ 薪材 | 2.3 | Timmermann et al., 2014 |
| 意大利不同森林管理方式 | （29.29 ~ 73.64）× $10^{-3}$/ha | 2.51 ~ 19.32 | Proietti et al., 2016 |

林业碳汇项目对温室气体减排的实际贡献应体现为净固碳能力，即实测固碳量扣除温室气体泄漏（逯非，2009）。目前国内外学者对造林项目净固碳能力的研究主要在较小尺度上展开，对温室气体泄漏的计算也有待完善（Shin et al.，2007；欧光龙等，2010；魏亚韬，2011；李梦等，2013）。减少森林经营与管理边界内温室气体排放的途径包括对营造林活动进行合理规划以减少林区道路和围栏等基础设施建设消耗建材带来的碳排放（刘博杰等，2016 a）；经济林施肥采用精准施肥以减少生产肥料产生的碳排放和氧化亚氮排放（刘博杰等，2016 b）。除此之外，升级改造已有林区道路以缩短采伐林地至木材加工厂的运输距离也是减少营造林主要碳排放源的途径（Timmermann et al.，2014）。

然而，有关森林经营与管理活动边界内的温室气体排放量的计算方法和结果表示还具有一定的不确定性。这些不确定性主要来自边界的划定（González-García et al.，2013；Klein et al.，2015）、计算参数的不确定（Soone，2006）和排放量使用单位的不统一（Sonne，2006；Klein et al.，2015）。边界划定的不确定性指对森林经营与管理活动所包含的碳排放源的界定可能存在重叠和遗漏（Sonnemann et al.，2003；Sonne，2006；González-García et al.，2013；Liu et al.，2019）；计算参数的不确定性指产生碳排放的物资消耗量和碳排放参数可能会由于空间异质性产生差异，而使用统一的计算参数会带来较大误差（Sonne, 2006）。边界外（Off-site）温室气体泄漏由于涉及复杂的远程耦合机制，长期以来是相关研究的难点和不确定性较大的方面。目前已有的研究主要围绕关于造林再造林工程项目和重大生态工程开展。基于造林再造林碳汇项目的研究显示，随着温室气体排放和温室气体泄漏计入边界的逐渐扩大，温室气体排放和泄漏对固碳效果的抵消强度逐渐增加（刘博杰等，2016a；刘博杰等，2016b）。值得一提的是，这些研究在逐渐扩大研究边界后，在温室气体泄漏识别和评估方面取得了创新性的成果，但也预设了较多假设和措施与边界外温室气体排放变化的因果关系，因此相关探索性研究得到的结果仍然可能具有一定不确定性。

### （三）农田生态系统固碳措施的温室气体泄漏与减排增汇潜力

农业是温室气体的第二大排放源，占全球人为排放的13.5%。因此，农田温室气体收支核算以及农田温室气体减排增汇管理措施的研究在国内外受到了广泛重视。近年来，碳足迹分析成为农田生态系统温室气体收支研究的主要途径，相关研究基于统计数据或实地调研（Yan et al.，2015；Zhang et al.，2017），针对不同地区不同作物粮食碳足迹的构成和主要温室气体收支环节（王占彪等，2015； Xue et al.，2016；Zhang et al.，2018；Zhang et al.，2019；Huang et al.， 2017；Liu et al.， 2018），不同管理措施下的碳足迹差异（Wang et al.，2016），碳足迹的空间分布（刘宇峰等，2017；Huang et al.，2017；Liu et al.，2018）及表土理化性质、经纬度和农村经济产出等碳足迹时空格局的影响因素（王占彪等，2015；Xu et al.，2017；Liu et al.，2018Liu et al.，2018）等方面开展。

适宜的农田管理措施可以提升生态系统固碳，降低碳足迹（Zhang et al.，2016；Zhang et al.，2017；Zhang et al.，2019），并可能具有巨大的温室气体减排潜力（Huang et al.，2017）。农田管理温室气体减排增汇措施主要针对农田温室气体排放中的重要组分，目前主要有两类途径，即节约农业物资投入和控制生态系统温室气体排放，后者又包括土壤固碳、通过调节化肥种类和使用量减少农田氧化亚氮、通过水肥管理调控稻田甲烷排放和使用生物质炭等多种途径（Wang et al.，2016；Wang et al.，2017; Zhang et al.，2013； Zhang et al.， 2014；赵红等，2017）。由于我国的能源结构主要建立在煤炭之上，生产农业物资中氮肥等化石能源产品的温室气体排放很高，节约农业物资投入具有巨大的减排潜力。基于Meta分析的结果表明，1980—2014年我国施用化学肥料 $12.9 \times 10^8$t，实现土壤固碳（9.5 ~ 10.9）$\times 10^8$tC（Zhao et al.，2017）；而生产这些化学肥料的碳排放则达到了 $18.5\times10^8$tC，其中 90% 为生产氮肥碳排放（陈舜等，2015），完全抵消了土壤固碳效应；而当考虑了农田土壤在施用化学氮肥排放的氧化亚氮时，增加化肥施用加剧全球变暖的作用更加凸现（逯非等，2008）。反之，节约化肥的施用，可能具有重要的固碳减排潜力——据估算，在合成氨工业改良的背景下，控制氮肥施用和减少氮肥施用情景将在 2020 年分别具有 56 Tg C/a 和 121 Tg C/a 的减排潜力（Zhang et al.，2013）；Zhang 等（2019）构建了面向化学氮肥施用的碳核算和温室气体净减排核算方法（CANM–SFA）相对于当前的化肥超量施用现象，按国家推荐的方案施用化肥种植水稻、玉米和小麦，通过减少化学氮肥生产和农田氧化亚氮排放，农田温室气体排放可减少 87.6 Tg C/a（Zhang et al., 2019）；当前，采用合理的灌溉技术，达到节水（灌溉抽水用）、节电和节肥的相关项目，已经经过认证进入了碳贸易市场（林而达等，2011）。

农业是重要的甲烷和氧化亚氮排放源，分别占人类活动排放的 52% 和 84%（Smith et al.，2007），如果将视角从土壤固碳提升为生态系统净固碳或者温室气体净减排的层面，有效控制农业中痕量温室气体的排放可为温室气体减排做出巨大贡献。农田产生的秸秆除了进行直接还田外，还可转化为生物质炭还田。生物质炭是由植物生物质在完全或部分缺氧的情况下经热解炭化产生的一类高度芳香化难熔性固态物质（Wu et al.，2013），农田秸秆热裂解处理等途径得到的生物质炭含碳量高、难于分解、比表面积大、疏松多孔，可充分利用养分和秸秆有机质（潘根兴等，2010），减轻土壤硬度、促进土壤微生物的发育、补充土壤养分及增产（Liu et al.，2013）。基于 Meta 分析的相关研究表明（赵红等，2017），生物质炭输入可有效降低中国主粮作物氧化亚氮排放（41%）、GWP（18%）及 GWPI（25%），而对甲烷吸收 / 排放并无显著影响；生物质炭在翻耕和施加氮肥的情况下会显著降低稻田甲烷的排放，而在不施氮情况下施加生物质炭可显著提高甲烷排放达 46%；生物质炭在小于 10 t/ha 且旱田、翻耕情况下输入，相比大于 10 t/ha 且稻田、旋耕情况下，减排效果更为显著，降低生物质炭的碳氮化，可有效减排。

## （四）我国典型重大生态工程固碳措施温室气体泄漏和净减排

重大生态工程的实施涉及的温室气体收支过程包括生态工程建设和恢复对工程区域内碳库的影响，其中涉及的生态系统包括植被和土壤；工程实施导致的化石燃料包括煤炭、汽油、电和柴油以及化石能源产品，还包括钢材、水泥、水、杀虫剂、除草剂和化肥的消耗等；氮循环及养分迁移包括含氮肥料施用导致的氧化亚氮排放，以及土壤侵蚀减少所固持的养分量；工程的实施对生产活动和物资转移的影响包括工程区域内的退耕导致的耕地开垦的加剧、退耕还林补助粮运输，随着社会经济的发展，对能源和木材的需求量并没有减少，天保工程木材产量调减导致工程边界外新造林面积增加；随着人民生活水平的提高，对畜牧产品的需求量没有减少，边界内禁牧导致部分畜牧业转移至边界外，从而增加边界外草地啃食压力，补助饲料粮的生产和运输、天保工程边界内薪材产量调减，导致边界外煤炭使用量增加。其中，生态移民包括生态移民搬迁运输，以及生态移民新房屋建设；与各项温室气体收支过程对应的输出项包括固碳、碳成本、碳泄漏以及减排；固碳包括新造林固碳、退耕还林固碳、种草固碳、草地围封固碳、草地禁牧固碳和调减木材产量固碳；碳成本包括化石燃料和化石能源产品消耗导致的温室气体排放，以及在造林地施含氮肥料导致的氧化亚氮的排放；碳泄漏包括农业、林业和畜牧业活动转移碳泄漏、煤炭替代碳泄漏，以及生态移民碳泄漏；减排包括工程区域内土壤侵蚀减少导致养分固持，从而使得肥料生产及相应的温室气体排放减少。

基于各重大生态工程实施消耗的化石能源与化石能源产品的量，以及各种化石能源和化石能源产品对应的碳排放参数，Liu 等（2019a，2019b）依据各重大生态工程的工程措施、碳成本以及碳泄漏的来源，建立完善了重大生态工程温室气体收支与净固碳量核算方法 CANM-EP（图 4.8）。该方法包含输入、温室气体收支过程和输出三个模块。输入模块包括各项工程措施涉及的区域、面积和时间；各项重大生态工程可能涉及的工程措施包括造林、种草、封山育林、退耕还林、低产低效林改造、森林管护、迹地更新、草地禁牧和围封、木材产量调减和生态移民，即计算了重大生态工程实施导致农业、林业、牧业活动转移及煤炭使用量增加和生态移民导致边界内外温室气体泄漏，核算了重大生态工程的净固碳量。

天保工程一期营造林活动导致的边界内温室气体泄漏总量为 2.45 Tg C，造林及配套森林基础设施建设是主要部分，二者合计占 82.4%，其中森林基础设施建设占 43.0%，造林占 39.4%；具体内容上，建材是最大的边界内温室气体泄漏来源，其次是肥料和燃油。天保工程一期边界外温室气体泄漏总量为 12.78 Tg C，包括薪炭林采伐调减引起的煤炭替代碳泄漏和新造用材林碳泄漏。天保工程在工程边界内外引起额外温室气体排放量达 15.23 Tg C，抵消了工程固碳效益的 9.82%。天保工程一期净固碳量为 139.77 Tg C，年均

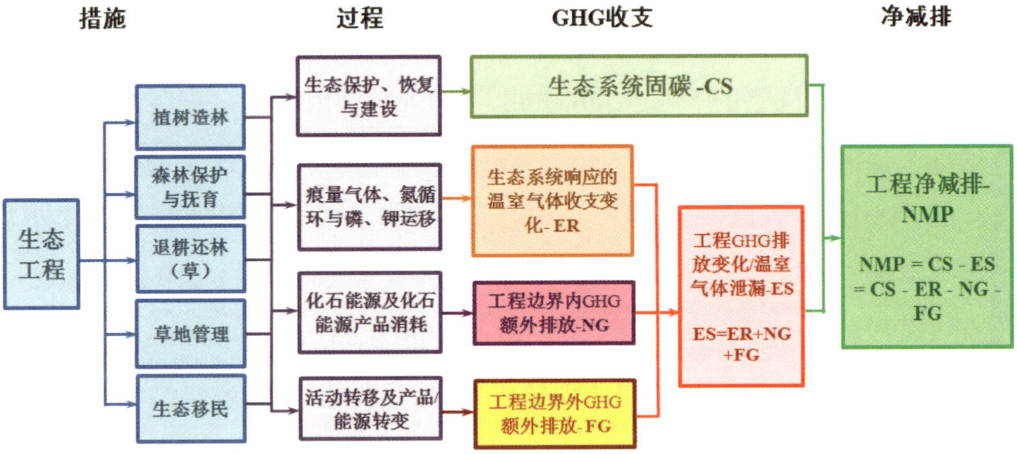


图 4.8 重大生态工程碳核算和温室气体净减排核算方法
（Liu et al.， 2019a；Liu et al.，2019b）

净固碳量为 12.71 Tg C。天保工程一期净固碳量相当于同期我国化石燃料燃烧碳排放总量的 0.89%（刘博杰等，2016a）。

退耕还林工程建设期营造林活动共产生碳成本 14.09 Tg C，西北地区、西南地区、东北地区、华北地区、中南华东地区的碳成本分别为 3.38 Tg C、3.64 Tg C、1.03 Tg C、1.66 Tg C、4.38 Tg C；造林及森林基础设施建设是主要的边界内温室气体泄漏来源，维持耕地面积的额外耕地开垦和补助粮运输构成了边界外温室气体泄漏。退耕还林工程在工程边界内外引起的额外温室气体排放量达到 50.62 Tg C，抵消了工程固碳效益的 19.9%。退耕还林工程建设期内净固碳量为 203.50 Tg C，年均净固碳量为 18.50 Tg C。退耕还林工程净固碳量相当于同期我国化石燃料燃烧碳排放总量的 1.3%（刘博杰等，2016b）。

京津风沙源治理工程一期边界内营造林和草地治理造成的边界内碳排放总量为 2.74 Tg C，造林及森林基础设施建设占边界内温室气体泄漏总量的 83.6%，其中造林占 46.2%，森林基础设施建设占 37.4%。京津风沙源治理工程一期碳泄漏总量为 4.53 ~ 4.76 Tg C，主要来自农业活动转移、畜牧业活动转移和生态移民。其中工程的草地管理措施引起工程边界内的放牧活动向工程区域外转移，造成了工程区外草地的退化和额外的碳损失（碳排放），抵消草地围封固碳的 57%（Liu et al.，2019a）。由于保持土壤，京津风沙源治理工程保持肥力，节约了生产化学肥料的碳排放，具有额外的减排效益（Liu et al.，2019b）。京津风沙源治理工程一期在工程边界内外共产生额外温室气体泄漏总量为 7.28 ~ 7.50 Tg C，抵消了工程固碳效益的 10.2% ~ 10.5%。京津风沙源治理工程一期建设期内净固碳量为 63.75 ~ 64.38 Tg C，年均净固碳量为 6.38 ~ 6.44 Tg C。净固碳量相当于同期我国化石燃料燃烧碳排放总量的 0.4%（Liu et al.，2019a）。

## 四、生态系统碳汇保护提升与生物多样性保护

气候变化和生物多样性消失是两个相互相关的全球危机，生态系统保护、生物多样性保护以及应对全球变化的措施应该相互结合以产生多方面的效益（Strassburg et al.，2010）。从清洁发展机制下的造林再造林活动到 REDD + 机制，森林碳汇减排的作用受到了广泛重视。同时，生物多样性保护是《联合国气候变化框架公约》的重要内容。该公约在缔约方会议决议中多次凸显了森林碳汇活动和生物多样性规定。《马拉喀什协定》规定开展土地使用、土地使用的变化和林业活动，应有助于生物多样性的保护和自然资源的可持续利用，并将生物多样性纳入森林管理概念。《马拉喀什协定》缔约方第 16 次会议进一步明确 REDD + 活动应考虑到森林和其他生态系统的多种功能，应与天然林和生物多样性保护目标一致，有鼓励保护和保持天然森林及其生态系统的功效（王群等，2013）。

当前森林管理的范围已经从传统的木材生产，扩大到提供生态产品和生态服务（Burton et al.，2013）。造林再造林和生态系统保护与修复及可持续森林经营管理在增加森林生态系统碳汇的同时，也会促进生物多样性的保护。近自然改造和减少毁林有助于保护物种栖息地和生态系统，而合理科学的造林再造林则有重建生态系统和恢复生境的作用（Kessler et al.， 2012）。利用本地树种营造的人工林在生境结构上更接近于天然林，因此可以支撑更大的动植物多样性（Stephens et al.，2007）；在森林经营中科学地抚育间伐和采用混交林及林农复合经营可以改善森林的横向、纵向结构，使动植物多样性增加，从而使林分结构的多样性增加、生态稳定性增强，为物种提供丰富的生存环境（李春义等，2006；方升佐等，2012）。生物多样性的丰富度将有利于提高森林的稳定性和抵抗力，而且从长远角度看，也将增强土壤碳储

量（Reusch et al.， 2005）。

农田土壤固碳是《京都议定书》认可的有效减排途径，拥有巨大的固碳潜力（逯非等，2009）。有机农业不使用化学合成的农药、化肥、生长调节剂、饲料添加剂等物质，遵循自然规律和生态学原理，充分利用可再生资源，使农业生态系统中养分和能量达到最佳结合。由于不依赖作为化石燃料产品的农药和化肥，有机农业土壤固碳在应对气候变化、提高农田土壤固碳和保持农业的可持续发展方面具有巨大的潜力。同时，有机农业通过保护生态环境、防止水土流失等多种措施保护了生成体系及周围环境的生物多样性和基因多样性，从而保证了生态系统的可持续发展和食物生产的供应稳定（欧阳喜辉等，2011）。相关研究表明，有机农业中土壤微生物活性和生物量显著增大（Tu et al.，2006），可促进农田植物生长、保护农场内珍稀濒危植物物种（Kay et al.，1999）及地表节肢动物和农田鸟类（欧阳喜辉等，2011）。

在海洋中，大型海藻在通过光合作用吸收碳的同时，也改善了海洋生境，保护和提高了海洋生物多样性（杨宇峰等，2021）。规模化海藻养殖对防治海洋酸化和防治海域富营养化具有重要作用，并且能通过改善水体和沉积环境，提高浮游动物休眠卵的孵化率（Wang et al.，2016）。部分微生物和浮游生物附着在大型海藻体表，互利共生；微生物参与大型海藻生态过程多个环节（Chai et al.，2018），是栽培区大型海藻碳汇和氮、磷生物地球化学过程中的主要"协助者"。此外，大型海藻规模栽培对浮游生物群落结构稳定具有重要作用，在抑制有害藻华的同时，提高了浮游植物多样性（杨宇峰等，2021）。

由于之前对生态系统的过度开发利用，我国生态系统的碳库和生物多样性都受到了严重破坏；但同时，通过重大生态工程等生态系统保护与修复手段，可以在实现生态系统增汇的同时，保护和恢复生物多样性。相关研究表明，国家开展一系列生态系统保护和修复工程，在发挥生态系统重要碳汇功能的同时对区域生物多样性保护具有重要贡献。如天然林资源保护工程，在

2000年以后每年实现超过68 Tg C的固碳效应的同时具有重要的生物多样性保护价值，2000—2015年工程的生物多样性保护效益达到了781.59亿元（杨帅帅等，2021）。方小林和高岚（2016）对广东省碳汇林的生态系统服务进行了评估，得出项目周期20年内广东碳汇林保持生物多样性总价值为7.2亿元。

此外，目前的很多发挥重要碳汇的生态系统也是生物多样性保护的热点地区。有研究表明，在天然林和次生林中，森林乔木层碳储量和植物多样性呈正相关，择伐和保持乔木层多样性有利于提高亚热带常绿阔叶次生林的碳汇能力（陈信旺等，2016）。红树林和滨海湿地在具有可观碳汇功能的同时，也是重要经济鱼类资源的产卵场、索饵场和越冬场，还是鸟类迁徙的重要越冬地和停歇地（Barbier et al.，2008；韩广轩等， 2020）。因此，在保护这些提供重要碳汇功能的生态系统的同时，也协同保护了生物多样性。

然而，在特殊的人为作用下，碳储量动态变化与生物多样性保护之间的关系，仍然可能存在较大的不确定性。在生态碳汇交易带来的经济利益面前，生态系统管理行为会受到利益驱使的影响而偏重固碳功能的实现且忽视生态系统服务之间的权衡。造林再造林的林地选择可能主要考虑经济可行，而不考虑生态保护区原有的生态系统，如盲目地在湿地或草场等处造林（王群等，2013）。在树种的选择上，会更倾向于速生树种，造成这种树种单一和栖息地质量下降（温远光等，2005a；温远光等，2005b），不利于生物多样性的保护。对于我国目前的主要速生林开展的研究表明，如果采用不当的经营管理模式，就可能在产生较高碳汇的同时，引起生物多样性的下降。生态系统经营方式也会对生物多样性形成不同的干扰。例如，为了获得更多经济利益，将大面积的天然林变为人工林，并进行集约化的短轮伐期经营，对大多数原生物种造成极大干扰；在农田和森林中为了防控病虫鼠害而投放的化学药剂也会对区域生物多样性造成不利影响。

可见，增加碳汇的生态系统管理可能会对生物多样性产生正面或负面影响。但如果能对生态系统碳汇管理活动加以合理改善，例如，通过合理营林措施改善，避免盲目集约经营和挖草除根，保护林下植被则有利于生物多样性的保护（马兰涛等，2012），同时增加生物多样性保护的义务性约束，就会降低其对生物多样性的负面影响，使生态系统功能得到正常发挥。

# 第五章

## 碳中和的政策措施

为应对气候变化的严峻挑战，中国在污染治理、节能减排、环境保护等领域出台了一系列的低碳发展政策，旨在控制温室气体排放，积极响应国际减缓气候变化目标。低碳发展政策是指为了实现在社会经济发展的同时达到保护生态环境的目标而制定的一种发展政策，从根本上是为了代表人类生存发展的利益，全球各地主要是在实现低碳排放的共同目标指引下，通过制定技术、产业、能源等相关低碳政策，利用强制、引导和激励等方式减少煤炭、石油等化石能源消耗产生的温室气体排放，在保护环境的同时，促进经济平稳快速地实现低碳转型，形成新的经济增长点，符合社会全体成员的生存发展需要。

## 一、经济结构调整、产业升级及技术进步

### （一）经济和消费增长

能源消费量和工业生产规模在经济增长的驱动下增加和扩张，从而导致了高碳排放。研究指出，经济发展与排放水平之间的关系呈倒“U”形曲线或环境库兹涅茨曲线（Stern et al.，1996；Xu et al.，2019），即在经济体发展前期，碳排放量随着经济的增长将持续增加；而后来由于结构调整或技术水平等因素的影响，人均收入增长，当经济体的人均收入达到一定水平后，碳排放将不再伴随增加，反而呈现下降趋势，这意味着排放量与经济增长出现了“脱钩”。“脱钩”代表着碳排放的驱动力由经济主导转变为能源政策等其他因素主导，即经济从高速度、高排放发展转变为高质量发展。

在全球层面，碳排放的重要驱动力仍然是经济增长；目前也仅有少数发达经济体实现了经济与排放的完全脱钩。对中国而言，其经济增长与碳

排放的关系经历了十分复杂的变化。近十年来，二者关系虽然有波动，但总体上经济增长仍然是中国碳排放总量增长的重要驱动因素。一项针对中国可持续发展进程的研究表明，自 2015 年以来，中国的主要污染物排放在“生态文明”发展理念的指导下，已经与经济增长脱钩，然而二氧化碳排放却保持了持续增长的趋势，尚未与经济增长脱钩（Lu et al.，2019）。经济增长在中国各地区、各省市，同样对碳排放有非常重要的贡献。中国各地尤其是东部地区，从 20 世纪末至今经济迅速发展，同时碳排放也显著增长；相关研究表明，经济增长、碳排放和能源消费之间长期存在正相关关系，并有直接或间接的因果关系（Wang et al.，2016）。

回顾中国各时期经济结构调整政策，政府着力点已从总量平衡转移到结构优化。从发展历程来看，在从计划经济向市场经济转轨的过程中，中国经济结构从以重工业为主的结构逐渐转型和升级为以服务业为主的经济结构。中国经济结构调整和发展演进可以划分为四个阶段：

第一阶段为 1978—1991 年。改革开放前三十年的计划经济发展阶段中，重工业优先和高度集中统一，导致农业、服务业落后。改革开放最初五年，农业、轻工业发展快速，工业向轻型化方向发展。1984 年，《中共中央关于经济体制改革的决定》作为纲领性文件出台，改革开放全面展开，农业占比下降，工业占比上升，尤其是轻工业占比提升。社会主义市场经济体制尚未建立，“双轨制”推进渐进式改革。

第二阶段为 1992—2008 年。1992 年中共十四大召开，确定了中国经济体制改革的目标模式是社会主义市场经济体制。2001—2008 年，中国加入 WTO 带来了巨大海外市场，也拉动了中国制造业的飞速发展，中国经济结构开始从劳动密集型、生产密集型转变为技术密集型、知识密集型和资本密集型。

第三阶段为 2008—2012 年。经过了欧美的金融危机之后，中国提出发展以新材料、新能源等为代表的战略性新兴产业。致力于提升服务业的发展，致使服务业超过工业，成为推动经济增长的新引擎。

第四阶段为 2012 年至今。为适应和引领经济新常态，2015 年中央经济工作会议首次提出了推进供给侧结构性改革。2016 年中央经济工作会议进一步提出供给侧结构性改革，最终目的是满足需求，主攻方向是提高供给质量，根本途径是深化改革。2017 年中央经济工作会议提出深化供给侧结构性改革，推进中国制造向中国创造转变，中国速度向中国质量转变，制造大国向制造强国转变。

## （二）产业结构转型

对于碳排放而言，经济体产业结构的转型和升级将对其产生重要的影响，这背后的原因是不同产业的碳排放强度差异明显。在各产业中，三大产业中碳强度最高的产业是第二产业，所以，导致碳排放增加的一个重要因素是工业比重的提升（Li et al.， 2016；Chen，et al.， 2017；Shi et al.，2019）。研究表明，许多城市因分布有煤炭开采等高强度产业和制造业而拥有着碳高排放，而以工业为主导产业的地区通常而言比以第三产业为主导产业的地区碳排放量更低（Nateghi et al.，2017)。若将地级市按产业结构划分不同类型，则中国碳排放总量相对较高的城市为服务型城市，但其人均碳排放量比工业主导的城市显著更低（Chen et al.， 2017）。因此，伴随结构转型过程的主导产业的变化，将显著影响碳排放强度和排放量。

长期以来，工业发展是中国碳排放的主导因素。根据清华大学气候变化与可持续发展研究院“中国低碳发展战略与转型路径研究项目成果介绍”，2020 年中国与能源相关的排放占二氧化碳总排放量的 88.4%；工业过程排放占比 11.6%。同时，工业比重也是驱动中国各省份、各城市碳排放量增加的主要因素之一。

进入 21 世纪，中国工业比重下降、服务业比重加速上升。中国的产业结构自 2007 年以后逐步升级，服务业和高新技术制造业的增加值增长迅速。中国在 2016 年以来致力于在供给侧结构性方面推进各项改革，加速退出了落后产能，明显改善了产业结构，服务业比重在 2018 年上半年达到 54.3%。在产业优化升级的作用下，中国一次能源消费中煤炭占比从 2007—2013 年的 68% 降低至 2016 年的 62%。这种结构转型过程对碳减排影响显著，在产业结构升级、煤炭消费占比下降以及能源效率提升的综合作用下，中国的碳排放开始呈现下降趋势（Guan et al.，2018；Zheng et al.，2019）。2010—2013 年，相比能源效率提高的减排作用，产业结构升级对减缓排放的作用更为显著。在中国各省市层面，结构转型对排放的影响也因不同地区产业结构转型进程不同，表现出的发展趋势也不同。2006—2012 年，由于第三产业占比增加、第二产业占比减少，中国东部的沿海发达城市碳排放出现下降；中西部区域第二产业占比在此阶段仍不断增加，造成了碳排放的增加（Du et al.，2017）。

## （三）消费结构升级

产业结构影响生产端碳排放，消费结构则影响消费端碳排放。近年来，中国基于消费的碳排放量随收入增加而增加（Tian et al.，2018）。中国居民的消费结构和相应的碳排放量均发生变化，在城市，单位消费支出所产生的排放量总体呈下降趋势，而在农村仍保持上升（Wang et al.，2016），背后的原因是消费结构的差异性变化。研究表明，尽管人均消费量在 2002—2007 年有所增加，但中国城市居民消费结构的转变带来了 442Mt 的碳排放减少量（Wang et al.，2019）；在中国总体层面，消费结构的变化带来了更多的间接碳排放。

从部门角度来看，建筑住房、交通、通讯等部门是产生消费端碳排放的主导部门（Mi　et al.，2016；Ou et al.，2017）。随着中国西部大开发和中部崛起战略的推进，中国居民消费结构升级迅速，不同地区之间的消费品市场发展速度和结构也发生较大变化，对交通、通讯、能源等高碳排放强度部门产品和服务的需求量快速增加，主导了消费端碳排放量的升高（Yuan et al.，2015）。“一带一路”建设、京津冀协同发展和长江经济带发展战略的提出与实施，带动了我国部分地区的消费增长。从各区域占比情况看，呈现出东部地区先行发展、中西部和东北地区后期跟进的态势。

## 二、低碳能源发展

能源消费量及能源结构的动态演变很大程度上决定着碳排放路径的变化。研究表明，在1.5℃的温控目标约束下，2010—2100年的平均能源消费量需降至2010年的65.1%，同时目标的实现还依赖于基于负排放技术的能源重构（段宏波等，2019）。总而言之，中国能否有效达成减排和温控目标很大程度上依赖于能源是否低碳发展（陈武等，2010）。

提高供应侧能源效率和增加低碳能源供应比例是能源系统低碳转型的关键。在“十四五”期间，能源发展与转型的“清洁、低碳、安全、高效”主题将更加突出；在各级政府和各部门工作中，能源系统转型的工作比重将显著提升，投入到相关能源转型领域的各类资金（如国有资本、社会资本和财政资金）将显著增多；同时，智慧能源产业将成为促使能源系统转型的主导产业，并且对于经济增长有不可忽视的促进作用。具体措施涵盖控制能源需求增速；降低能源密集型工业占比，提升电气化水平；增加非化石能源规模，大力发展绿色清洁电力等。

经过对未来趋势预测分析，能源需求将进入长期低速增长阶段。研究表明，“十四五”期间能源消费年均增长约2%，从$49.8\times10^8$t标准煤缓慢增长至不到$55\times10^8$t标准煤的水平，年均增量略高于$1\times10^8$t标准煤，与“十三五”期间相比，增量降低了$0.2\times10^8$t标准煤（廖华等，2021）。

降低能源密集型工业占比，能源消费结构需要向电气化方向大幅度转化。

中国的钢铁、水泥等能源密集型产品的产量经历“十三五”期间的一系列措施后已进入平台期，甚至呈现下降趋势。在“十四五”期间，随着供给侧结构性改革的深入推进，能源密集型工业的占比将继续下降。研究表明，中国工业用能有望在2025年前达峰［（33～35）$\times 10^8$t标准煤］，并且中国能源重心随着基础设施建设的完成将逐步从高耗能产业转移到交通、新兴服务业以及居民消费方面。同时因电能的清洁化等优势，电气化水平将得到进一步的提升。研究表明，中国城乡居民生活用电量预计会保持稳定增长，全社会电气化水平将再上大台阶。同时，目前低碳电力发展迅速，这将极大地促进中国电网基础设施建设规模扩大，进一步提升全社会电气化水平。

为应对能源安全和全球气候变化的挑战，扩大非化石能源规模是非常必要的。研究表明，在市场的积极推动和部门的主动推进下，中国非化石能源的比重在2025年有望超过20%。同时，在能源需求增速放缓的背景下，伴随着“十四五”期间深入推进能源转型、产能优化等，中国的化石能源消费预计在“十四五”末期达到峰值(廖华等，2021)。

## 三、能源部门转型政策

中国实现能源低碳转型的主要途径是提高能效，以及通过结构变革和可持续消费降低能源服务需求，提高终端电气化率和电力系统脱碳化。具体措施主要包括：一是对煤炭消费总量实施分区域控制。出台严格的煤炭消费总量控制措施，全面遏制化石能源尤其是煤炭消费过快增长。在东部沿海地区建设“无煤示范城市”，建立严格的煤炭准入制度，严控高耗煤行业的发展，实现煤炭消费总量的负增长。二是对煤炭清洁化技术加速全面部署。推动燃煤清洁高效发电技术的发展及应用，在新建电厂部署更多的超临界和超低排放燃煤机组。三是在非化石能源电力发展的电网、电力运行管理体制、电力价格机制等方面加强建设（申宝宏等，2010；王晓飞等，2021）。

在2020—2030年，重点发展低碳能源，形成煤、油、气、核能、可再生能源等多轮驱动的能源供应体系，带动传统能源低碳化和低碳能源产业化，促进高碳能源消费在2030年前后达到高峰（国家发展改革委等，2017）。具体措施包括：一是统筹加强能源消费总量控制和碳排放总量控制。利用碳排放峰值和非化石能源目标，迫使能源体系和产业结构加快低碳转型（李俊峰等，2015）。二是通过技术创新和体制改革，大幅度降低非化石能源成本。加强分布式电源、分布式智能控制器、智能电器、低成本储能等技术的研发，在电力系统形成规模化应用，全面提高低碳能源的市场竞争力（李俊峰等，2015）。三是积极推进能源领域对外开放。充分利用国内外的资源和市场，实现能源结构国际化，实现开放条件下的能源安全。

在2030—2050年，进一步推动能源技术创新、商业模式创新和产业创新，提升低碳能源比重，奠定建立气候友好型能源系统的良好基础。具体措施包括：一是实现经济发展与化石能源消费的脱钩。能源消费年增长率控制在1%以下，由非化石能源满足大部分的新增能源消费需求。二是建设非化石能源大规模发展的基础设施网络。全面推动电能替代化石能源，促使能源向清洁化、低碳化转型。其中非化石能源在发电装机和发电量中的比重进一步提高到80%和60%，实现单位发电量碳排放因子的显著下降。三是构建先进的能源互联网体系。全面建设智能电网、智能供热网、智能燃气网、智能建筑和智能交通等基础设施，实现多网融合与互动，建立基于信息技术、智能电网技术和储能技术的新型跨区域国际电力智慧系统（李立涅等，2016；柳逸月，2017）。

# 四、促进碳中和的市场机制

市场机制型政策主要包括碳排放权交易制度、绿色证书交易制度和用能权交易制度等。其中，碳排放权交易制度是规范国际碳交易市场的一种制度，利用市场的力量来达到控制二氧化碳等温室气体排放量，促使生产要素的更有效配置，提高工业产值并减轻区域经济发展不平衡的目的。绿色证书交易制度是指专为绿色证书进行买卖而营造市场的制度（李志青，2021）。绿色证书交易制度是保证可再生能源配额制度有效贯彻的配套措施，它将市场机制和鼓励政策有机地结合，使得各责任主体通过高效率和灵活的交易方式，用较低的履行成本来完成政府规定的配额（秦玠衡等，2009）。用能权是指在能源消费总量和强度控制的前提下，用能单位经核发或交易取得、允许其使用或投入生产的综合能源消费量权益。用能权有偿使用，目的是通过市场化的手段，促进企业节能减排、转型升级，推动绿色发展(国家发展改革委，2016）。

## （一）碳交易机制的政策目标及效果评估

从定义来看，碳排放权交易（Emission Trading System，ETS）是一种利用市场的力量来达到控制二氧化碳等温室气体排放量的政策。政府利用碳排放权交易控制行业的碳排放总量时，需遵循“总量控制与交易”的原则。对于被纳入碳排放交易体系的企业排放的每吨温室气体（通常是二氧化碳），需要一个单位的碳排放配额。企业可以获取或购买这些配额，也可以和其他企业进行配额交易。政府设定 ETS 中各行业所允许的最大排放温室气体的总量值。总量控制确定后，政府需在履约机构（如企业）中分配可交易的碳排放配额。一个配额代表 1t 温室气体的排放权。目前世界范围内大部分碳排放交易市场体系均涵盖了能源和工业行业。实际操作中，碳交易体系的范围需要因地制宜。

我国的碳排放权交易制度始于2011年国家发改委颁布的《关于开展碳排放权试点工作的通知》，批准了北京、天津、上海、重庆、广东、湖北和深圳7个省市展开碳排放交易市场先期试点。试点于2013年启动。2017年年底，国家正式启动全国范围的中国碳排放权交易制度，目前的覆盖范围是年能源消耗量大于10 000t标准煤的电力行业企业。目前我国碳交易机制仍然处于试点阶段。未来中国碳配额将是欧盟的3倍，预计高峰成交量可达到$260 \times 10^8$t以上，成为全球最大规模的碳排放权交易市场（王科等，2020）。

与其他地区相比，我国碳排放交易制度试点地区的二氧化碳排放量与其他地区相比降低了16.2%（李胜兰等，2020），并且碳排放量放明显下降的区域出现在东部发达地区。我国碳排放交易市场试点启动一定程度地提升了碳排放效率（王勇等，2019），改善了能源结构，提升了技术水平，进而减少了二氧化碳排放。随着碳价水平的提高，中国碳排放路径曲线逐步下移，当碳价为50元/t二氧化碳时，碳排放预计在2035年达峰；当碳价水平为150元/t二氧化碳时，碳排放在2030年左右基本达到峰值（莫建雷等，2018）。

在对经济发展的影响方面，我国碳排放交易市场对GDP、就业和投资的负面影响非常有限，并且能够促使生产要素更有效配置，提高工业产值并减轻区域经济发展不平衡（Liu et al.，2016；Wu et al.，2016）。

当前碳排放交易市场的建设还存在较多的问题（李志学等，2014；卫志民，2015；潘家华，2016），可以做出以下调整和优化：在全国范围推进碳市场建设，扩大市场交易范围，通过协同减排作用促进区域环境改善，以此缓解国内外的双重压力（任亚运等，2019；王勇等，2019）；利用竞争充分的市场环境，实现碳市场的价格发现能力最大化，运用财政或金融手段以经济有效的方式降低减排成本，提高市场活力（王文军等， 2018；邹骥等，

2019）；健全碳排放权交易立法，明确产权，提高全社会的减排责任感和意识（易兰等，2019；邹骥等，2019）。

## （二）绿证交易的政策目标及效果评估

绿色电力证书（以下简称绿证）是国家对发电企业每兆瓦时非水可再生能源上网电量颁发的具有唯一代码标识的电子凭证。作为可再生资源开发利用的市场机制性政策之一，绿证制度可以推动可再生能源产业的发展，缓解补贴压力，因此受到了愈发多的关注和重视。2017 年 1 月 18 日，《关于试行可再生能源绿色电力证书核发及自愿认购交易制度的通知 ( 发改能源〔2017〕13 号 )》由国家发改委、财政部、国家能源局联合发布，通知中提出了我国自 2017 年 7 月 1 日起正式开展绿证的认购工作，并同时发布了《绿色电力证书核发及自愿认购规则（试行）》。2019 年 1 月，《关于积极推进风电、光伏发电无补贴平价上网有关工作的通知》由国家发改委、国家能源局发布，通知中提到多种措施以积极引导绿证市场化交易。

目前，我国的绿证交易市场处于起步阶段。据绿证认购官方平台统计，截至 2019 年 2 月 1 日，绿证累计核发量达到 24 810 703 张，其中包括 21 939 616 张累计风电核发量，2 871 087 张累计光伏核发量。绿证累计交易量达 30 026 个，其中包括 29 866 个累计风电交易量，160 个累计光伏交易量。据统计，绿证交易量仅占核发量的 0.12%，基于此，还需要进一步推广和完善绿证交易市场。

为实现可再生能源的进一步推广，采取了可交易的绿证和上网电价补贴两种主要政策（Fagiani et al.，2013；Requate，2015；Ciarreta et al.，2017）。针对政策效果而言，中国电力市场的上网电价受可交易绿证制度影响，而且可以通过设定合理的规划目标组合，来促进中国发电产业的发展。同时研究表明，一种协同效应存在于可交易绿证制度与碳排放权交易制度之间（谭忠富等，2014）。可再生能源发电企业在不同的配额要求下会选择在不同市场中行使市场力。随着配额百分比的增加，证书价格也会随之增加（安学娜等，2017）。针对绿证交易政策产生的具体效益影响，依据2016年华北某地区的用电量数据，从经济效益、环境效益两方面模拟了绿色证书、排污费及可再生能源发展基金联合的优化模型。结果表明，绿色证书交易机制的引入，支撑了可再生能源行业的发展，并促进了可再生能源的消纳与发电上网（秦玠衡等，2009）。

## （三）用能权交易的政策目标及效果评估

在能源消费总量控制的背景下，用能权的概念被提出。用能权交易的定义为：在区域用能总量控制的前提下，企业对依法取得的用能总量指标进行交易的行为。为实现节能减排，国家陆续推出了一系列关于用能权交易的政策。

按照《用能权有偿使用和交易制度试点方案》的要求，浙江、福建、河南和四川等四个试点地区积极推进试点用能权有偿使用和交易各项工作，以推动绿色发展。各试点地区结合各省自身经济社会发展和能源状况，均发布了关于用能权有偿使用和交易试点实施方案与管理办法。用能权交易市场的启动有利于激发市场主体活力，促进高效配置能源要素，支撑推动完成能耗"双控"目标任务，促进绿色发展、高质量发展，加快生态文明建设。

用能权交易是中国一项重要的制度创新。评估这一政策效果的重要问题是该制度能否实现能耗总量和强度"双控"的任务目标。研究表明，与实际的能源强度相比，引入可交易用能权的能源强度可实现约14.02%的下降，总耗能可下降7.07%。能源通过用能权交易制度在省际产业内进行跨期流通，对资源实现合理利用，从而用能权交易能实现能耗总量和强度"双控"的任务目标（王兵等，2019）。

针对用能权交易政策对经济与环境的影响方面，有研究以2006—2014年中国38个二位数工业行业为对象，通过构造非参数优化模型进行模拟发现，相比命令控制政策，用能权交易政策在工业整体层面的平均经济潜力和节能潜力均更高。尽管相比命令控制政策，用能权交易政策的节能潜力更高，但是完全市场化的用能权交易政策会在经济利益的操控下带来用能权的过度购买，造成一些节能潜力被挤出。因此，应该坚持市场交易与政府调控相结合的政策机制，其中以市场交易为主，以政府调控为辅（张宁等，2019）。

## 五、零碳示范区及试点省市的建设

开展零碳试点省市建设，将为我国实现“碳中和”目标提供实践经验和理论示范，为我国提供生态文明绿色区域发展路径。2010 年以来，我国陆续开展了低碳省市的试点，截至目前已有 87 个省市开展试点。与此同时，也开展了低碳社区、低碳城镇、低碳园区的试点，初步形成全方位、多层次低碳试点体系。在国家新的达峰目标和“碳中和”愿景下，下一步，我国亟须在现有低碳试点的基础上升级，面向“碳中和”开展相关的试点工作，从重点省市入手支撑我国“碳中和”目标的实现。“十四五”时期，湖北、深圳、北京等地积极组织开展首批零碳示范工程项目建设，推进零碳排放技术创新研发与应用，组织对试点地区实施效果进行动态跟踪评价。零碳示范区工程是指基于现有低碳试点工作基础、涵盖多领域低碳技术成果，在工业、建筑、交通、能源、农业、林业、废弃物处理等领域综合利用各种低碳技术、方法和手段，以及增加森林碳汇、购买自愿减排量等碳中和机制减少碳排放，在指定评价范围内的温室气体排放量逐步趋近于零并最终实现绿色低碳发展的综合性示范工程。总体上，“近零碳排放区示范工程”包含了“碳排放”“近零”“区”和“示范工程”四个关键词。国家在“十三五”规划提出近零碳排放区示范工程建设工作，广东、陕西、浙江、海南、北京、江苏、云南、上海、江西、安徽、贵州等省市积极响应。“十四五”规划中，众多经济发展头部省市已经迈出了步伐，在部分行业或部分区域开始试点“近零碳”甚至“零碳”。以京沪为例，上海崇明将建立“碳中和”示范区；北京“十四五”规划“大力推动绿色北京建设”，提出发布实施碳中和时间表路线图。重庆提出建设一批零碳示范园区。南京提出“打造碳中和示范区和江心洲、南部新城零碳未来城”。天津开展重点行业碳排放达峰行动，推动钢铁、电力等行业率先达峰和煤炭消费尽早达峰，大力发展可再生能源，推进绿色技术研发应用。郑州提出推动重点领域、重点行业率先达峰。此外天津和宁波同时提出，开展“近零碳”排放示范区建设。

实现零碳排放的路径不是单一的，上述零碳省市的建设都是根据自身的产业结构、地理环境和发展规划等制定了特色化的零碳排放路线图。零碳省市的建设不应拘泥于以技术应用为核心的传统思维，限制在建筑尺度上的设计手段，更应该积极探讨在城区范围可以带来的外部性减碳手段，包括推动分布式能源建设、绿色出行、城市森林、废物零填埋、建筑节能管理服务等（叶祖达，2017），还需要以特定模块为引领，实现零碳发展，如通过电力绿色低碳化、清洁能源推广、高耗能行业的低碳化改造与产业的绿色发展以及打造“近零碳排放”高新工业园区等，引领零碳省市建设（杨军等，2017）。

为全面实现我国碳中和目标，省市也必须实现碳中和。具有相关基础的发达省市可以先行设立碳中和目标，以实现社会经济发展目标和大气质量目标，同时提升竞争力（姜克隽等，2020）。在提出的2030年碳达峰和2060年碳中和的目标愿景下，开展“碳中和”试点省市建设是非常必要的。具体建设内容包括：

（1）建立试点省市的高时空分辨率碳排放清单。鉴于目前用于省市级别碳排放核算的传统统计数据可获得性差的现状，需通过融合大数据、卫星传感器等技术，建立试点省市的高时空分辨率碳排放清单，对省市多部门的碳排放变化进行近实时精细化监测。同时继续推动碳观测卫星及其反演技术的发展，基于多颗碳卫星形成碳卫星“星座”，对大气中二氧化碳浓度进行全天候动态监测，对省市级别碳数据情况开展动态评估，以辅助验证清单数据的准确性。

（2）搭建试点省市的实时碳汇监测平台，加强森林碳汇监测。森林碳汇是全球一大重要的碳汇领域，在未来规划下，雄安新区致力于通过大规模植树造林与城镇绿化，以实现新区蓝绿空间占比70%、森林覆盖率40%的总体目标。然而，在传统技术手段下，实现省市级别森林碳汇的及时清查仍较为困难。亟须通过样方法、通量塔、大气反演、动态全球植被模型、遥感等多源手段，为试点省市搭建配套森林碳汇变化监测平台，以实现森林碳汇量的近实时有效监测。借助森林碳汇监测平台，评估当下现状和监测绿化指标实施情况，探索造林与再造林、加强天然林保护、优化人工林结构、改良退化草场、优化传统畜牧业方式等森林增汇措施的效果。

（3）推动水泥碳汇发展。水泥这种广泛应用的建筑材料能在矿物风化过程中主动吸收大气中的二氧化碳，是全球一个大型的、逐年增长的净碳汇，不容忽视。需利用土地覆盖遥感数据监测省市级别水泥碳汇量，构建水泥碳汇监测平台，并进一步分析近年来土地利用类型的演替变更、相关碳汇量的变化波动。在水泥碳汇领域，绿色基建和水泥废弃物回收利用可进一步提高水泥碳汇潜力。

（4）围绕“碳中和”目标，明确试点省市建设路径。率先明确试点省市“碳中和”目标下的建设路径。通过减“源”、增“汇”两个路径，综合实施技术措施和政策措施，明确试点省市建设路径。借助高分辨率碳排放清单，挖掘区域重点排放领域，包括制定出台促进“碳中和”建设的行政管理制度、针对性配套政策建议和技术推广政策。在增“汇”方面，按照碳汇清查结果以及增“汇”措施的效果探究，需将绿色基建和建筑废弃物回收利用纳入发展规划，加强国际科研技术攻关合作，尽早解决增汇手段的关键技术问题，降低增汇成本；同时结合我国国情和国际交易规则，及时在试点省市开展碳汇交易市场试点。

（5）树立试点省市典范形象，扩大国际认可度。开展“碳中和”试点省市的组织保障工作，引领和示范全国“碳中和”建设，扩大国际影响力。建议上级部门与试点省市发展改革部门建立联系机制，加强沟通、交流，定期对试点工作的进展和成效组织总结评估。指导试点省市开展相关国际合作，加强能力建设，做好引导服务，及时梳理试点在体制机制、“碳中和”建设制度与政策措施实施方面的成功经验，并加以示范推广。为全国范围“碳中和”建设树立试点区典范形象，并扩大我国“碳中和”试点区的国际认可度。

## 六、国际合作

在 2020 年二十国集团领导人利雅得峰会“守护地球”主题边会中，中国明确指出：秉持人类命运共同体的理念，要守护好地球——我们共同家园。中国将提高国家自主贡献力度，力争二氧化碳排放在 2030 年前达到峰值，2060 年前实现碳中和，制定目标之后中国将坚定不移地落实下去。中国已经对碳中和目标制定出相应的政策和措施，成为世界各国的优秀榜样，同时碳中和的目标也加大了全球 1.5℃温升目标实现的可能性。英国《金融时报》网站称，在《巴黎协定》危急关头，中国提出碳排放承诺赢得了世界的称赞。欧盟委员会主席冯德莱恩称，中国宣布的这一目标“令人鼓舞”。非营利研究机构“气候行动追踪”组织称，中国的新目标一旦实现，会是所有国家中减排力度最大的，将使全球变暖预测值降低 0.2 ~ 0.3℃。虽然中国提出碳中和目标之后会对全球变暖预测值有着积极的影响，但是实际上目前世界各国自主贡献的减排力度和预期减排力度相比还是较小，离实现全球 2℃的温升目标还有一定的差距（Pachauri et al.，2014；Rogelj et al.，2016；王利宁等；2018；Programme，2019）。根据联合国环境规划署 2017 年的评估，即便是国家自主贡献（the Intended Nationally Determined Contributions，INDCs）的目标都能实现，21 世纪末全球温升仍然可能达到 2.9 ~ 3.4℃（张永香等，2017）。因此，把全球碳排放空间公平有效地分配到各个主权国家是一个国际难点。并且，分析各国碳减排贡献的综合模型在公平原则选择、分配方案的选取以及参数设定方面有不同的话会直接导致结果大大不同（滕飞等，2013；林洁等，2018)。所以说，评估中国碳中和发展目标政策与全球温升目标的关系，关键在于：中国面对温升目标和现实中的差距是如何进一步制定碳中和政策和措施，是如何进一步实现碳中和目标的。

目前中国碳中和政策的制定和执行主要是为了我国碳中和、能源转型、能源革命、大气雾霾治理等国家战略的实现。在国家自主贡献层面，中国确定了四个 2030 年的行动目标，同时承诺采取更加有力的政策和措施，二氧化碳排放力争于 2030 年前达到峰值，努力争取 2060 年前实现碳中和。这是中国对国内的动员令，也是对国际社会的承诺。这意味着，我国主动按下了持续为减缓气候变化影响做贡献的加速键。这个目标远远超出《巴黎协定》中关于“2℃温控目标”下全球 2065—2070 年实现碳中和的要求，或使全球实现碳中和的时间提前 5 ~ 10 年，也将对全球气候治理起到关键性推动作用。

实现碳中和的目标不仅需要我国国内政策的制定和措施的实施，更需要我国和其他国家进行国际交流，公平公正地共同协商国际上的相关政策和相关措施。中国为了实现碳中和的目标，积极参与国际相关会议，并明确表态，在为世界各国做出表率的同时也促进了国际交流与合作。在 2020 年二十国集团领导人利雅得峰会“守护地球”主题边会上，中国提出了三点主张：加大应对气候变化力度，深入推进清洁能源转型，构筑尊重自然的生态系统。中国在提出 2030 年碳达峰，2060 年实现碳中和目标之后，“十四五”规划中也提出了相应的措施。首先需要构建清洁低碳安全高效的能源体系，控制化石能源总量，着力提高利用效能，实施可再生能源替代行动，深化电力体制改革，构建以新能源为主体的新型电力系统。要实施重点行业领域减污降碳行动：工业领域要推进绿色制造，建筑领域要提升节能标准，交通领域要加快形成绿色低碳运输方式。要推动绿色低碳技术实现重大突破，抓紧部署低碳前沿技术研究。要完善绿色低碳政策和市场体系，完善能源“双控”制度。加快推进碳排放权交易，积极发展绿色金融。要提升生态碳汇能力，强化国土空间规划和用途管控，有效发挥森林、草原、湿地、海洋、土壤、冻土的固碳作用，提升生态系统碳汇增量。要加强应对气候变化国际合作，推进国际规则标准制定。

随着我国国际地位的不断提升，我国从主动参与 1992 年的《联合国气候变化框架公约》《生物多样性公约》的首批缔约国开始，到倡议中国与其他各国共同建设“绿色丝绸之路”、设立气候变化南南合作基金，为全球应对气候变化注入动力；从积极推进“2020 年后全球生物多样性框架”，到宣布中国碳排放及碳中和目标等。中国对于全球气候变化、碳中和的实现所做出的贡献在国际社会上是有目共睹的，中国可谓是全球碳达峰目标和碳中和目标的重要参与者、贡献者、引领者。

全球工业化进程的发展造成了大量的碳排放，使得全球温室效应不断凸显，所以碳中和目标成了全球的共同使命，同时碳中和目标也事关中华民族永续发展和构建人类命运共同体，在努力实现碳中和目标的过程中，中国不仅从自身出发制定了国内的相关措施、出台了国内的相关政策，而且也积极与其他国家进行了碳中和目标的相关交流，也参与制定了一些国际碳中和目标政策与措施的工作，在这之中也彰显了中国的大国风范与大国担当。碳中和目标的实现离不开中国对碳中和目标的积极响应，更离不开国际社会的紧密合作。

# 主要参考文献

安学娜，张少华，李雪，2017. 考虑绿色证书交易的寡头电力市场均衡分析[J]. 电力系统自动化，41(9): 84–89.

薄燕，2016.《巴黎协定》坚持的"共区原则"与国际气候治理机制的变迁[J]. 气候变化研究进展，12(3): 243–250.

薄燕，2016. 中美在全球气候变化治理中的合作与分歧［J］. 上海交通大学学报（哲学社会科学版），24(1): 17–27.

段宏波，汪寿阳，2019. 中国的挑战：全球温控目标从2℃到1.5℃的战略调整［J］. 管理世界，35(10): 56–69.

范振林，2021. 开发蓝色碳汇助力实现碳中和［J］. 中国国土资源经济，4: 12–18.

方精云，于贵瑞，任小波，等，2015. 中国陆地生态系统固碳效应：中国科学院战略性先导科技专项"应对气候变化的碳收支认证及相关问题"之生态系统固碳任务群研究进展［J］. 中国科学院院刊，30(6)：848–857.

傅伯杰等，2019. 中国生态系统变化及效应［M］. 北京：高等教育出版社.

关孔文，房乐宪，2017. 东亚区域气候治理合作困境分析［J］. 东北亚论坛，26: 68–76，126.

郭起荣，杨光耀，杜天真，等，2005. 中国竹林的碳素特征［J］. 世界竹藤通讯，3(3): 25–28.

韩广轩，宋维民，李培广，等，2020. 长期生态学研究为滨海湿地保护提供科技支撑［J］. 中国科学院院刊，35(2), 218–228.

胡璇，2020. 加拿大碳捕集、利用与封存技术现状及中加合作的有关问题与建议［J］. 全球科技经济瞭望，35: 32–34.

黄宰胜，陈钦，2015. 基于碳汇视角的碳汇林业发展对策分析［J］. 林业经济，37(11), 86–89.
姜克隽，2018. IPCC 1.5℃特别报告发布，温室气体减排新时代的标志［J］. 气候变化研究进展，14(06): 98–100.
姜克隽，杨秀，2020. 我国低碳城市：推动城市碳先锋，实现碳净零排放［J］. 中华环境，69(4): 22–25.
姜克隽，胡秀莲，刘强，等，2009. 2050 低碳经济情景预测［J］. 环境保护，24：28–30.
姜克隽，庄幸，贺晨旻，2013. 全球升温 2 度目标下中国能源与排放情景研究［J］. 工业节能与清洁生产，7(1).
姜霞，黄祖辉，2016. 经济新常态下中国林业碳汇潜力分析［J］. 中国农村经济，2016 (11), 57–67.
焦念志，2021. 研发海洋“负排放”技术支撑国家“碳中和”需求 . 中国科学院院刊［J］. 36(2): 179–187.
李翠华，蔡榕硕，颜秀花，2020. 2010—2018 年海南东寨港红树林湿地碳收支的变化分析［J］. 海洋通报，39(4), 488–497.
李俊峰，刘强，李高，2015. 我国低碳能源发展思考［N］. 光明日报，6–5(10).
李立浧，张勇军，陈泽兴，2016. 智能电网与能源网融合的模式及其发展前景［J］. 电力系统自动化，40(11): 1–9.
李胜兰，林沛娜，2020. 我国碳排放权交易政策完善与促进地区污染减排效应研究：基于省级面板数据的双重差分分析［J］. 中山大学学报 (社会科学版)，60(05): 182–194.
廖华，向福洲，2021. 中国“十四五”能源需求预测与展望［J］. 北京理工大学学报（社会科学版），23(2): 1–8.
林而达，杜丹德，孙芳，等，2011. 中国农村发展中的能源、环境及适用气候变化问题［M］. 科学出版社 .

林洁， 祁悦，蔡闻佳，2018. 公平实现《巴黎协定》目标的碳减排贡献分担研究综述［J］. 气候变化研究进展，14(5): 529–539.

刘博杰，逯非，王效科，等，2017. 森林经营与管理下的温室气体排放、碳泄漏和净固碳量研究进展［J］. 应用生态学报 , 28(2), 673–688.

刘纪化 , 郑强 , 2021. 从海洋碳汇前沿理论到海洋负排放中国方案［J］. 中国科学 : 地球科学 , 51(4): 644–652

刘宇峰，原志华，郭玲霞，等，2017. 中国农作物生产碳足迹及其空间分布特征［J］. 应用生态学报 , 28(8): 2577–2587

柳逸月，2017. 中国能源系统转型及可再生能源消纳路径研究［D］, 兰州：兰州大学 .

莫建雷，段宏波，范英，等，2018.《巴黎协定》中我国能源和气候政策目标：综合评估与政策选择［J］. 经济研究， 53(9): 168–181.

潘家华，2016. 碳排放交易体系的构建、挑战与市场拓展［J］. 中国人口 . 资源与环境， 26(8): 1–5.

任亚运 , 傅京燕 , 2019. 碳交易的减排及绿色发展效应研究［J］. 中国人口 · 资源与环境， 29(5): 11–20.

宋亦明，于宏源 ，2018. 全球气候治理的中美合作领导结构 : 源起、搁浅与重铸［J］. 国际关系研究，(02): 137–152，158.

孙晓玲，2021. 英国碳中和目标欲一箭双雕［N］. 经济参考报 ,1–21: 2.

唐启升，刘慧，2016. 海洋渔业碳汇及其扩增战略［J］. 中国工程科学 , 18(3): 68–73.

王兵，赖培浩，杜敏哲，2019. 用能权交易制度能否实现能耗总量和强度“双控”？［J］. 中国人口 · 资源与环境 ， 29(1): 107–117.

王科，刘永艳 ，2020. 2020 年中国碳市场回顾与展望［J］. 北京理工大学学报（社会科学版）， 22(02): 10–19.

王利宁，杨雷，陈文颖，2018. 国家自主决定贡献的减排力度评价［J］. 气候变化研究进展，14(6): 613–620.
王利宁，彭天铎，向征艰，等，2021. 碳中和目标下中国能源转型路径分析［J］. 国际石油经济，29（1）: 7.
王文军，谢鹏程，李崇梅，等，2018. 中国碳排放权交易试点机制的减排有效性评估及影响要素分析［J］. 中国人口·资源与环境，28(4): 26–34.
王晓飞，2021. 中国能源安全新战略与实现途径［J］. 中国煤炭，47(3): 62–67.
王效科，刘魏巍，逯非，等，2015. 陆地生态系统固碳 166 问［M］. 北京：科学出版社.
王勇，赵晗，2019. 中国碳交易市场启动对地区碳排放效率的影响［J］. 中国人口·资源与环境，29(1): 50–58.
王勇，王恩东，毕莹，2017. 不同情景下碳排放达峰对中国经济的影响：基于 CGE 模型的分析［J］. 资源科学，39（10）.
卫志民，2015. 中国碳排放权交易市场的发展现状、国际经验与路径选择［J］. 求是学刊，42(5): 64–71.
杨军，裴彦婧，丛建辉，2017. 高新工业园区“近零碳排放”路径探究：太原市的案例分析［J］. 资源开发与市场，33(5): 559–563,583.
叶祖达，2017. 中国城市迈向近零碳排放与正气候发展模式［J］. 城市发展研究，24(4): 22–28，34.
易兰，贺倩，李朝鹏，等，2019. 碳市场建设路径研究：国际经验及对中国的启示［J］. 气候变化研究进展，15(3): 232–245.
余碧莹，赵光普，安润莹，等，2021. 碳中和目标下中国碳排放路径研究［J］. 北京理工大学学报（社会科学版），23(2).
俞淑红，周国模，施拥军，等，2016. 毛竹碳汇造林初期净碳汇量监测与不确定性分析［J］. 浙江农林大学学报，33(5)：807–815.
张传伦，孙军，刘纪化，等，2019. 海洋微型生物碳泵理论的发展与展望［J］.

中国科学：地球科学，49:1933–1944.
张继红，刘纪化，张永雨，等，2021. 海水养殖践行“海洋负排放”的途径［J］. 中国科学院院刊，36(3), 252–257.
张宁，张维洁，2019. 中国用能权交易可以获得经济红利与节能减排的双赢吗？［J］. 经济研究，54(1): 167–183.
张永香，黄磊，周波涛，等，2017. 1.5℃全球温控目标浅析［J］. 气候变化研究进展，13(4): 299–305.
张白楚，郑腊香，2016. 中欧在气候变化问题上的合作研究［J］. 战略决策研究，7(4): 68–83，107.
赵红，孙滨峰，逯非，等，2017. META 分析生物质炭对中国主粮作物痕量温室气体排放的影响［J］. 农业工程学报，33(19): 10–16.
赵鹏，2019. 发展蓝碳：减缓与适应气候变化的海洋方案［J］. 可持续发展经济导刊，(12): 41–42.
郑艳，潘家华，谢欣露，2016. 基于气候变化脆弱性的适应规划：一个福利经济学分析［J］. 经济研究，(2): 140–153.
钟章奇，姜磊，何凌云，等，2018. 基于消费责任制的碳排放核算及全球环境压力［J］. 地理学报，73(3): 442–459.
庄贵阳，朱仙丽，2021.《欧洲绿色协议》：内涵、影响与借鉴意义［J］. 国际经济评论，(1): 116–133，117.
邹骥，柴麒敏，陈济，等，2019. 碳市场顶层设计路线图［J］. 气候变化研究进展，15(3): 217–221.
ADAME MF, SANTINI NS, TOVILL AC, et al.,2015. Carbon stocks and soil sequestration rates of tropical riverine wetlands. Biogeosciences, 12: 3805-3818.
APERGIS N, PAYNE J E,2017. Per capita carbon dioxide emissions across U.S. states by sector and fossil fuel source: Evidence from club convergence tests.

Energy Economics,63: 365-372.

BATESBC, KUNDZEWICZ Z W,WU S H,et al.,2008. Climate Change and Water. Technical Paper of the Intergovernmental Panel on Climate Change. IPCC Secretariat, Geneva.

BERNARDELLOR, MARINOV I, PALTER J B,et al.,2013. Response of the ocean natural carbon storage to projected twenty-first-century climate change. Journal of Climate, 27(5): 2033-2053.

CALDEIRAK,WICKETT M E, 2003. Anthropogenic carbon and ocean pH.Nature ,425(6956): 365-365.

CAMERON D R, MARVIND C,REMUCAL J M,et al., 2017. Ecosystem management and land conservation can substantially contribute to California's climate mitigation goals. Proceedings of the National Academy of Sciences of the United States of America, 114(48), 12833–12838.

CHAI Z Y, HE Z L, DENG Y Y, et al., 2018. Cultivation of seaweed Gracilaria lemaneiformis enhanced biodiversity in a eukaryotic plankton community as revealed via metagenomic analyses. Molecular Ecology, 27(4): 1081-1093.

CHEN Q L,CAI B F,DHAKAL S,et al.,2017. $CO_2$ emission data for Chinese cities.Resources, Conservation and Recycling, 126: 198-208.

CHEN Z M, OHSHITA S,LENZEN M ,et al.,2018. Consumption-based greenhouse gas emissions accounting with capital stock change highlights dynamics of fast-developing countries.Nat Commun, 9(1): 3581.

CIAISP, TAN J,WANG X,et al., 2019. Five decades of northern land carbon uptake revealed by the interhemispheric $CO_2$ gradient.Nature,568(7751): 221-225.

CIARRETA A,ESPINOSA M P, PIZARRO-IRIZAR C,et al. ,2017. Optimal regulation of renewable energy: A comparison of Feed-in Tariffs and Tradable

Green Certificates in the Spanish electricity system. Energy Economics ,67(sep.): 387-399.

CUI D, DENG Z,LIU Z,et al., 2019. China's nonfossil fuel $CO_2$ emissions from industrial processes.Applied Energy ,254: 113537.

DUSENGE M E, DUARTE A G,WAYD A,et al., 2019. Plant carbon metabolism and climate change: elevated $CO_2$ and temperature impacts on photosynthesis, photorespiration and respiration.New Phytologist, 221(1): 32-49.

FANG J Y, GUO Z D,HU H F,et al., 2014. Forest biomass carbon sinks in East Asia, with special reference to the relative contributions of forest expansion and forest growth. Global Change Biology， 20: 2019-2030.

FANG J Y, YU G R,LIU L L,et al. ,2018. Climate change, human impacts, and carbon sequestration in China.Proc Natl Acad Sci USA, 115(16): 4015-4020.

FENG X M, FU B J,PIAO S L,et al., 2016. Revegetation in China's Loess Plateau is approaching sustainable water resource limits. Nature Climate Change，6：1019-1022.

GRISCOM B W, ADAMS J,ELLIS P W,et al., 2017. Natural climate solutions. Proceedings of the National Academy of Sciences of the United States of America, 114(44)：11645-11650.

GUAN D B, KLASEN S,HUBACEK K,et al. ,2014. Determinants of stagnating carbon intensity in China.Nature Climate Change,4(11): 1017-1023.

GUAN D B,LIU Z,GENG Y,et al.,2012. The gigatonne gap in China's carbon dioxide inventories.Nature Climate Change, 2(9): 672-675.

GUAN D B,MENG J,REINER D M, et al.,2018. Structural decline in China's $CO_2$ emissions through transitions in industry and energy systems.Nature Geoscience, 11(8): 551-555.

HARTMANN J, WEST A J, RENFORTH P, et al.,2013. Enhanced chemical weathering as a geoengineering strategy to reduce atmospheric carbon dioxide, supply nutrients, and mitigate ocean acidification. Reviews of Geophysics,51(2): 113-149.

HONG S B, YIN G D, PIAO S L, et al.,2020.Divergent responses of soil organic carbon to afforestation.Nature Sustainability, 3(9).

HU H F, WANG S P,GUO Z D,et al., 2015. The stage-classified matrix models project a significant increase in biomass carbon stocks in China's forests between 2005 and 2050. Scientific Reports, 5: 11203.

HUANG X M, CHEN C Q,QIAN H Y,et al., 2017. Quantification for carbon footprint of agricultural inputs of grains cultivation in China since 1978. Journal of Cleaner Production, 142：1629-1637.

JANTKE K,MUELLER J,TRAPP N, et al., 2016. Is climate-smart conservation feasible in Europe？ Spatial relations of protected areas, soil carbon, and land values. Environmental Science & Policy, 57：40-49.

JAUNG W,PUTZEL L,BULL G, et al., 2016. Estimating demand for certification of forest ecosystem services: A choice experiment with Forest Stewardship Council certificate holders. Ecosystem Services, 22(A)：193-201.

JIAO N Z, WANG H, XU G H, et al. , 2018.Blue carbon on the rise: Challenges and opportunities.National Science Review, 5(4): 464-468.

KEELING C D,WHORF T P, WAHLEN M,et al., 1995. Interannual extremes in the rate of rise of atmospheric carbon dioxide since 1980. Nature,375(6533): 666-670.

KEELING R F,PIPER S C,HEIMANN M ,et al.,1996. Global and hemispheric $CO_2$ sinks deduced from changes in atmospheric $O_2$ concentration. Nature, 381(6579): 218-221.

KEENAN R J , NITSCHKE C, 2016. Forest management options for adaptation to climate change: a case study of tall, wet eucalypt forests in Victoria's Central Highlands region. Australian Forestry, 79(2)：96-107.

LAI L, HUANG X J,YANG H,et al.,2016. Carbon emissions from land-use change and management in China between 1990 and 2010.Science Advances, 2(11): e1601063.

LE QUÉRÉ C,ANDREW R M,FRIEDLINGSTEIN P,et al., 2018. Global Carbon Budget 2018.Earth System Science Data,10(4): 2141-2194.

LE QUÉRÉ C, JACKSON R B,JONES M W,et al., 2020. Temporary reduction in daily global $CO_2$ emissions during the COVID-19 forced confinement. Nature Climate Change, 10(7): 647-653.

LE QUÉRÉ C, PETERS G P,ANDRES R J,et al.,2014. Global carbon budget 2013.Earth System Science Data, 6(1): 235-263.

LI J S, LUO R,YANG Q,et al. ,2016. Inventory of $CO_2$ emissions driven by energy consumption in Hubei Province: a time-series energy input-output analysis. Frontiers of Earth Science ,10(4): 717-730.

LI J S,SILI Z,WEI W D, et al. ,2020. China's retrofitting measures in coal-fired power plants bring significant mercury-related health benefits.One Earth ,3(6): 777-787.

LIAO E H,RESPLANDY L,LIU J J, et al. ,2020. Amplification of the Ocean Carbon Sink During El Ni os: Role of Poleward Ekman Transport and Influence on Atmospheric $CO_2$. Global biogeochemical cycles, 34(9).

LIN J T,TONG D,DAVIS S, et al., 2016. Global climate forcing of aerosols embodied in international trade.Nature Geoscience, 9(10): 790-794.

LIU B,ZHANG L,LU F, et al., 2019.Greenhouse gas emissions and net carbon sequestration of the Beijing-Tianjin Sand Source Control Project in China. Journal of Cleaner Production, 225 (10)：163-172.

LIU L C, WU G,2016. The effects of carbon dioxide, methane and nitrous oxide emission taxes: An empirical study in China.Journal of Cleaner Production , 142(PT.2): 1044-1054.

LIU W W, GUO Z L,LU F,et al., 2020.The influence of disturbance and conservation management on the greenhouse gas budgets of China's forests. Journal of Cleaner Production, 261: 121000.

LIU W W, ZHANG G,WANG X K,et al., 2018.Carbon footprint of main crop production in China: magnitude, spatial-temporal pattern and attribution. Science of the Total Environment, 645:1296-1308.

LIU Z, CIAIS P,DENG Z,et al.,2020. Near-real-time monitoring of global $CO_2$ emissions reveals the effects of the COVID-19 pandemic.Nature Communications, 11(1): 5172.

LIU Z, GUAN D B, CRAWFORD-BROWN D,et al.,2013. A low-carbon road map for China.Nature, 500: 143-145.

LIU Z, GUAN D B,MOORE S,et al.,2015. Climate policy: Steps to China's carbon peak. Nature, 522(7556): 279-281.

LIU Z, GUAN D B,WEI W,et al.,2015. Reduced carbon emission estimates from fossil fuel combustion and cement production in China.Nature ,524(7565): 335-338.

LIU Z, LIANG S,GENG Y,et al.,2012. Features, trajectories and driving forces for energy-related GHG emissions from Chinese mega cites: The case of Beijing, Tianjin,Shanghai and Chongqing.Energy, 37(1): 245-254.

LIU Z,2016. National carbon emissions from the industry process: Production of glass, soda ash, ammonia, calcium carbide and alumina.Applied Energy,166: 239-244.

LIU Z,CIAIS P,DENG Z, et al., 2020. Carbon Monitor: a near-real-time daily dataset of global $CO_2$ emission from fossil fuel and cement production. Scientific Data,7: 392.

LIU Z,GENG Y,LINDNER S, et al.,2012. Embodied energy use in China's industrial sectors. Energy Policy, 49: 751-758.

LUF, HU H F, SUN W J,et al., 2018. Effects of national ecological restoration projects on carbon sequestration in China from 2001 to 2010.Proc Natl Acad Sci U S A, 115(16): 4039-4044.

LU F, HU H F,SUN W J,et al., 2018. Effects of national ecological restoration projects on carbon sequestration in China from 2001 to 2010.Proceedings of the National Academy of Sciences of the United States of America，115 (16)：4039-4044.

LU Y L, ZHANG Y Q,CAO X H,et al. ,2019. Forty years of reform and opening up: China's progress toward a sustainable path.Science Advances,5(8): eaau9413.

MENG J,LIU J F,XU Y, et al.,2016. Globalization and pollution: tele-connecting local primary PM2.5 emissions to global consumption.Proc Math Phys Eng Sci, 472(2195): 20160380.

MI Z F, MENG J,GREEN G,et al.,2018. China's "Exported Carbon" Peak: Patterns, Drivers, and Implications.Geophysical Research Letters,45(9): 4309-4318.

MI Z F, MENG J,GUAN D B,et al.,2017. Chinese $CO_2$ emission flows have reversed since the global financial crisis.Nat Commun, 8(1): 1712.

MI Z F, ZHANG Y K,GUAN D B,et al.,2016. Consumption-based emission accounting for Chinese cities.Applied Energy, 184: 1073-1081.

MILLAR R J,FUGLESTVEDT J S, FRIEDLINGSTEIN P, et al.,2017. Emission budgets and pathways consistent with limiting warming to 1.5℃ .Nature

Geoscience, 10(10).

NATEGHI R, MUKHERJEE S, 2017. A multiparadigm framework to assess the impacts of climate change on end-use energy demand. PLoS ONE ,12(11): e0188033.

NORDEBO S, NAEEM M F,TANS P,et al.,2020. Estimating the short-time rate of change in the trend of the Keeling curve.Sci Rep ,10(1): 21222.

OU J,MENG J,ZHENG J Y, et al.,2017. Demand-driven air pollutant emissions for a fast-developing region in China.Applied Energy ,204: 131-142.

OUYANG Z Y, ZHENG H,XIAO Y,et al., 2016. Improvements in ecosystem services from investments in natural capital in China. Science, 352(6292): 1455-1459.

PAN X Z, DENELZEN M, H HNE N,et al., 2017. Exploring fair and ambitious mitigation contributions under the Paris Agreement goals.Environmental Science & Policy, 74: 49-56.

PAUSTIAN K, LEHMANN J,OGLE S,et al., 2016. Climate-smart soils. Nature, 532：49-57.

PETERS G P, MARLAND G,LE QUÉRÉC,et al.,2011. Rapid growth in $CO_2$ emissions after the 2008—2009 global financial crisis.Nature Climate Change,2(1): 2-4.

PIAO S L,FANG J Y,CIAIS P, et al., 2009. The carbon balance of terrestrial ecosystems in China. Nature, 458: 1009-1013.

REQUATE T,2015. Green tradable certificates versus feed-in tariffs in the promotion of renewable energy shares. Environmental Economics & Policy Studies,17(2): 211-239.

ROGELJ J, DEN ELZEN M, HHNE N,et al., 2016. Paris Agreement climate proposals need a boost to keep warming well below 2 ℃ .Nature, 534(7609):

631-639.

SHAN Y L, GUAN D B,ZHENG H R,et al. ,2018. China $CO_2$ emission accounts 1997—2015.Sci Data ,5: 170201.

SHAN Y L, HUANG Q,GUAN D B,et al.,2020. China $CO_2$ emission accounts 2016—2017. Scientific Data ,7(1): 54.

SHAN Y L,GUAN D B,LIU J H,et al.,2016. New provincial $CO_2$ emission inventories in China based on apparent energy consumption data and updated emission factors. Applied Energy ,184: 742-750.

SHI K F, YU B L,ZHOU Y Y,et al. ,2019. Spatiotemporal variations of $CO_2$ emissions and their impact factors in China: A comparative analysis between the provincial and prefectural levels.Applied Energy, 233-234:170-181.

ST-LAURENT G P, HAGERMAN S,HOBERG G, et al.,2017. Barriers to the development of forest carbon offsetting: Insights from British Columbia, Canada. Journal of Environmental Management, 203, 208-217.

STONE R, 2010.The Invisible Hand Behind A Vast Carbon Reservoir.Science, 328(5985): 1476-1477.

THOMAS H, BOZECY,ELKALAYK,et al. ,2004. Enhanced open ocean storage of $CO_2$ from shelf sea pumping.Science,304(5673): 1005-1008.

TIAN J,ANDRADE J C S,LUMBRERAS J, et al., 2018. Integrating sustainability into city-level $CO_2$ accounting: social consumption pattern and income distribution.Ecological Economics, 153(1): 1-16.

TRIPATHI N,HILLS C D,SINGH R S,et al.,2020. Offsetting anthropogenic carbon emissions from biomass waste and mineralised carbon dioxide.Scientific Reports, 10(1): 958.

VILA-CABRERA A, ESPELTA J M,VAYREDA J,et al., 2017. " New Forests" from the twentieth century are a relevant contribution for c storage in the iberian peninsula. Ecosystems, 20(1)： 130-143.

VOHRA K,VODONOS A,SCHWARTZ J, et al.,2021. Global mortality from outdoor fine particle pollution generated by fossil fuel combustion: Results from GEOS-Chem.Environmental Research, 195: 110754.

VÖRÖSMARTY C J,GREEN P, SALISBURY J,et al.,2000. Global water resources: vulnerability from climate change and population growth.Science, 289(5477): 284-288.

WALKERAP, DE KAUWE M G,BASTOS A,et al.,2020. Integrating the evidence for a terrestrial carbon sink caused by increasing atmospheric $CO_2$ . New Phytologist,229(5).

WALTHER G R, POST E,CONVEY P,et al.,2002. Ecological responses to recent climate change.Nature, 416(6879): 389-395.

WANG F M, SANDERS C J, SANTOS I R, et al.,2020.Global blue carbon accumulation in tidal wetlands increases with climate change. National Science Review, DOI: 10.1093/nsr/nwaa296.

WANG J,FENG L,PALMER P I, et al., 2020. Large Chinese land carbon sink estimated from atmospheric carbon dioxide data. Nature, 586： 720-723.

WANG Q, LUAN L L, CHEN L D, et al.,2016.Recruitment from an egg bank into the plankton in Baisha Bay, a mariculture base in Southern China.Estuarine, Coastal and Shelf Science, 181: 312-318.

WANG Z B, CHEN J,MAO S C,et al., 2017. Comparison of greenhouse gas emissions of chemical fertilizer types in China's crop production. Journal of Cleaner Production, 141： 1267-1274.

WANG Z,CUI C,PENG S, et al.,2019. How do urbanization and consumption patterns affect carbon emissions in China ？ A decomposition analysis. Journal of Cleaner Production, 211: 1201-1208.

WIEDENHOFER D, GUAN D B,LIU Z,et al.,2016. Unequal household carbon footprints in China.Nature Climate Change,7(1): 75-80.

WU R,DAI H C,GENG Y, et al.,2016. Achieving China's INDC through carbon cap-and-trade: Insights from Shanghai.Applied Energy,184: 1114-1122.

YUAN B,REN S,CHEN X,et al. ,2015. The effects of urbanization, consumption ratio and consumption structure on residential indirect $CO_2$ emissions in China: A regional comparative analysis.Applied Energy,140: 94-106.

ZHANG D, TIAN X, DONG S, et al.,2020. Carbon budgets of two typical polyculture pond systems in coastal China and their potential roles in the global carbon cycle. Aquaculture Environment Interactions, 12: 105-115.

ZHANG G,WANG X K,ZHANG L. et al., 2018. Carbon and water footprints of major cereal crops production in China. Journal of Cleaner Production, 194： 613-623.

ZHANG N,LIU Z,ZHENG X M,et al.,2017. Carbon footprint of China's belt and road.Science,357(6356): 1107.

ZHENG J L,MI Z F,COFFMAN D,et al., 2019. Regional development and carbon emissions in China. Energy Economics,81: 25-36.

# Abstract


## The Status Quo of Climate Change

Climate change, mainly characterized by global warming, has been a major challenge to the sustainable development of the natural ecosystem and human society. Existing studies imply that there are two main contributing factors to climate change, namely natural factors and anthropogenic factors. Natural factors mainly include natural processes such as solar radiation variations, earth orbit changes, and atmospheric and ocean circulation changes. Since the industrial revolution, economic development and population growth have remarkably boosted anthropogenic greenhouse gas emissions, thus having a significant impacts on the global climate. Available observational data indicate that massive anthropogenic greenhouse gas emissions contribute to a global mean surface temperature (GMST) increase of 1.2 ± 0.1 ℃ relative to the 1850-1900 baseline (an approximation of preindustrial levels). If left unrestricted, climate change would have profound and irreversible effects on global natural ecology and human social systems. On the one hand, extreme weather events, sea-level rise, and ocean acidification caused by climate change may lead to habitat loss and desertification, bringing incalculable risks and losses to natural ecosystems, especially to biodiversity. On the other hand, climate change may pose potential threats to human society. Natural disasters and extreme weather events brought about by climate change not only have direct and indirect adverse impacts on human health, but also cause degradation of natural ecosystems and dilemmas of resource supply and distribution, leading to coastal economic system losses and national security and territorial disputes. Given the context of the increasing importance of climate risks and threats, it is of great significance to investigate the specific causes and consequences of climate change in different regions, thus proposing feasible and effective solutions for sustainable development.

Mitigation and adaptation are considered to be two indispensable pathways for mitigating and managing climate change risks. Among them, mitigation endeavors to curb the continued deterioration of climate change by significantly reducing greenhouse gas emissions through energy conservation and carbon sinks. The existing climate change mitigation pathways mainly include adjusting and optimizing energy and industrial structures, improving energy efficiency, increasing carbon sinks, conducting low-carbon pilot projects, and reducing emissions of non-$CO_2$ climate forcing factors. It is worth mentioning that the deep integration of existing and new technologies, including electrification, hydrogen fuel, bioenergy, carbon capture and storage (CCS), and their combined technologies (BECCS), is demonstrated to be technically feasible in realizing considerable emission reduction targets at different scales. Adaptation aims to propose effective management measures to adapt to the potential impacts of climate risks on human society. Given the complexity and extensiveness of climate risks, climate change adaptation pathways cover copious sectors, including agriculture, water resources, natural ecology, human health, and international cooperation. For example, the conservation of natural ecosystems, especially biodiversity, requires the reduction of land reclamation and other anthropogenic habitat modification behaviors, thus restoring and enhancing the self-adaptive capacity of natural ecosystems to climate change. Besides, we can build migration corridors and assist vulnerable species in migrating to alternative areas to cope with the vulnerability of species caused by climate change and improve species adaptation and migration capacity. In the climate decision-making process, climate risks and their potential effects should be scientifically and objectively assessed based on the criteria of sustainable development and climate equity, and multidisciplinary normative analysis approaches should be employed to propose resilient and effective response pathways to mitigate and adapt to climate change.

The impact of global climate change on natural ecosystems and human societies has become increasingly prominent, which has become a vital challenge for sustainable development. One of the consequences of climate change caused by human activities is global warming. The word "carbon neutrality" has been a hot topic since it was selected as the word of the year by the New Oxford American Dictionary in 2006. Since 2018, countries around the world have announced the date of achieving the "carbon neutrality" targets. "Carbon neutrality" refers to offsetting the total amount of greenhouse gas emissions directly or indirectly generated by enterprises, communities, or individuals in a certain period of time through carbon sink increase, energy conservation and emission reduction to achieve net-zero carbon dioxide emissions. At present, China, the European Union, the United Kingdom, the United States, Canada, Germany, France, Japan, and New Zealand have successively announced the goal of "carbon neutrality." This section mainly introduces the timing and pathways for realizing "carbon neutrality" worldwide. The timelines established by countries around the world to achieve carbon neutrality are between 2040 and 2060, and the five major sectors to realize carbon neutrality include energy, buildings, transportation, industry, and agriculture. Emission reduction measures in the energy sector mainly include the development and utilization of clean energy and the reduction of the share of the coal power; emission reduction measures in the construction sector mainly focus on renovating old buildings, building new high-efficiency and low-carbon buildings, and implementing green building energy conservation evaluation system; emission reduction measures in the transportation sector mainly focus on promoting new energy transportation tools and realizing intelligent transportation systems; emission reduction measures in the industrial sector emphasize the role of carbon capture and storage technology and circular economy; emission reduction measures in the agricultural sector encourage to strengthen afforestation and reduce carbon emissions from agricultural production.

### The Physical Science Basis of Carbon Neutrality

Global carbon budget accounting, which analyzes the global carbon cycle, serves as the scientific knowledge basis for carbon neutrality. Understanding the global carbon budget is essential towards achieving the carbon neutrality goal. The two main components of the carbon budget are carbon sources and carbon sinks. Carbon sources refer to the sources from which carbon is emitted into the atmosphere. Such sources mainly include human activities such as fossil fuel combustion, industrial processes, and land-use changes (also referred to as anthropogenic sources). Carbon sinks refer to the processes when carbon is sequestered from the atmosphere. Terrestrial ecosystems and marine ecosystems are the most important carbon sinks at present. To assess the potential and effectiveness of carbon mitigation pathways towards achieving carbon neutrality, it is fundamentally important to first accurately and precisely calculate the magnitude of carbon emissions and carbon sequestration potentials of both human and natural sources. Generally, there is an imbalance between carbon sources and sinks; The current carbon sinks cannot fully offset the carbon emitted into the atmosphere. As a result, the emitted carbon dioxide remains in the atmosphere and increases the atmospheric carbon dioxide concentration. Achieving negative emissions would require a larger carbon sink than carbon sources, in which case the carbon dioxide is absorbed from the atmosphere and thus leading to a decrease in atmospheric carbon concentration. Carbon neutrality refers to counterbalancing carbon emitted (carbon emission) with an equivalent amount of carbon sequestered (negative carbon emission). There are two main accounting methods for anthropogenic carbon emissions, namely, territorial-based accounting and consumption-based accounting. In territorial-based accounting, carbon emissions are calculated from fossil fuel usage and other relevant processes within certain terrestrial boundaries. The consumption-based accounting is also called "carbon footprint", which is based on the perspective of the supply chain and calculates the carbon dioxide emissions of the entire supply chain. The consumption-based accounting method comprehensively examines the "carbon leakage" caused by trade. The consumption-based method serves as an important in addressing environmental equality, as currently more than 20% of global carbon dioxide emissions are embodied in international trade, and transferred to developing countries while meeting the consumption needs of developed countries.

Anthropogenic emissions come from human-related activities, such as fossil fuel combustion, land use and land-use change, industrial processes, and biomass burning. Fossil fuels, mainly coal, oil, and natural gas, have become the most important sources of anthropogenic carbon emissions. Due to the rapid increase in fossil fuel consumption followed by the Industrial Revolution, more than 1,535 gigatons of carbon dioxide have been emitted into the atmosphere. In addition to direct fuel combustion, there are also additional fugitive emissions from the mining and transport processes. Carbon emissions from land-use changes are mainly caused by direct or indirect impacts and disturbances on the soil organic carbon (SOC) and on the biomass carbon stock, mainly as a result of unreasonable land use and land management. Carbon emissions from land use and land-use change are the second-largest sources of anthropogenic emissions. Its cumulative total equals to half of the cumulative fossil-fuel-combustion emissions from 1850 to 1998. In addition to direct and indirect emissions from fossil fuel combustion, land use and land use change, there are also a substantial amount of carbon emissions generated from industrial processes (such as the production of mineral products, metal products, chemical products). Enormous industrial processes go through essential physical and chemical reaction steps, which also generate carbon missions as main or side products. A case in point is the well-known key process in the cement production: the limestone calcination reaction, during which the calcium carbonate is decomposed to calcium oxide and carbon oxide under high-temperature and within a controlled atmosphere. Furthermore, biomass burning is also a main contributor to carbon emission. Wood and wood products, straws, biofuels, are common biomass still used for combustion, especially in underdeveloped regions. In summary, the aforementioned sources are currently the most important carbon sources in the global carbon cycle. In addition to anthropogenic carbon emissions, there are also less but still important carbon emissions from the natural systems (including terrestrial and marine systems). Natural emissions mainly come from wildfires, volcanic eruptions, and inland waters (McGonigle, Aiuppa et al., 2008, Bowman, Balch et al. 2009., Raymond, Hartmann et al., 2013). If without human disturbance, the carbon emissions of natural systems are small and historically stay within the carbon fixation capacity of natural systems. However, as a result of the rapidly increasing anthropogenic carbon emissions, the atmospheric carbon dioxide has been increasing at an alarming rate, and has reached a critical level.

Similar to carbon sources, carbon sinks can also be classified into natural and artificial sinks based on whether it is related to human activities. Natural carbon sinks mainly include natural processes such as the carbon adsorption and fixation by terrestrial and marine ecosystems. Global carbon sink has also increased as a result of the rapidly increasing atmospheric carbon concentration, especially in the post-industrial era. There are abundant observatioal data revealing the correlation between increasing atmospheric carbon concentration, and the expansion of global terrestrial and marine carbon sinks. Photosynthesis is the key process responsible for terrestrial carbon sink, while marine carbon sink mainly relies on the carbon adsorption and dissolution driven by partial pressure difference. Natural carbon sinks can be artificially enhanced (for example, through proper forest and management), leading to more carbon adsorption and fixation, by the existing natural processes, named enhanced natural carbon sinks. Artifical carbon sinks refer to man-made carbon sinks, which can capture, utilize and/or store carbon. There have been several promising technologies proposed and validated in recent years. One of which is to directly capture $CO_2$ from the atmosphere and to store it by injection into underground empty rock formations. Facing the urgency of mitigating climate change, more economical and large-scaled artificial carbon sinks are needed in the timely reduction of atmospheric carbon concentration.

### China's National and Regional Carbon Emissions

Since the start of the Reform and Opening-up policy in the 1970s, China's energy consumption and carbon emissions have increased rapidly with the rapid urbanization and industrialization. In 2007, China has become the largest carbon emitter worldwide. From 2000 to 2020, China's carbon emissions have increased from 3 billion to 9.9 billion tonnes of dioxide ($CO_2$) , increasing by 2.3 times. The rapid increase in carbon emissions from China's socioeconomic activities is mostly due to the high proportion of coal consumption. Fossil fuels take up around 90% of the total energy supply, while coal takes up around 70% of the total fossils. Carbon emissions from coal combustion account for around 70% of China's total emissions. At the same time, China is the largest coal consumer in the global market and consumes over half of the total coal supply. Although China's carbon emissions have been increasing during the past decades, various national and local policies have been implemented to mitigate carbon emissions. After the rapid increase of carbon emissions from 2000 to 2013, there was a temporary decline in China's carbon emissions from 2014 to 2016. The effective national measures, which systematically phasedout low-efficiency coal power plants' were the main drivers towards this temporary decline. As a result of the successful implementation of such national policies, both the coal consumption and the proportion of carbon emission contributed by coal combustion have been below the 2009 level (from 79.5% in 2009 to 75.7% in 2020). At the same time, China's carbon intensity (quantified as per unit of Gross Domestic Production output's carbon emissions) has also been under decline, although the total carbon emission is still on the rise . From 2000 to 2020, China's carbon intensity decreased by 38.4%, from 1.9 kg$CO_2$/US dollar to 1.2 kg$CO_2$/US dollar. This shows a general decarbonization trend in Chinese economy. Meanwhile, China has made profound commitments to mitigate its carbon emissions. By 2019, China had successfully fulfilled its promises ahead of the planned timeline, which aimed to reduce China's carbon intensity by 40% to 45% relative to the 2005 level by 2020. As a step forward, in 2020, China pledged to further reduce its carbon intensity by 65% (as compared to 2005 level) and to further increase the proportion of non-fossil fuel in its total energy consumption to around 25% by 2030, as an important milestone to its commitment to achieving carbon neutrality by 2060.

Mainland China consists of a vast geographic locations, population density, economic structures and development status. Accordingly, China's regional $CO_2$

emissions show large variations across different regions, despite a common increasing trend in the past decades. In general, carbon emissions from the Eastern regions are higher than those from the West, reflecting a correlation between carbon emissions and economic development (China's Eastern regions are more economically developed than the Western regions). Specifically, the accumulated carbon emissions (from 2000 to 2020) from the Eastern, Northern and Southern regions are higher than those from the Northeastern, Southwestern and Northwestern regions. In 2020, carbon emissions from the Eastern, Northern and Southern regions account for 71.5% of the national total. Historically, carbon emissions from the Northwestern region are lower than those from the other regions, but with the highest increasing rate,from 2000 to 2020, carbon emissions from the Northwestern region have increased by 5.3 times, to the 4th place among the six regions in 2020. In 2020, the Southwestern region emitted 1 billion tonnes of $CO_2$, ranking as the smallest contributor to China's total carbon emission while the Eastern region emitted 3.4 billion tonnes of $CO_2$ (over 3 times than the Southwestern region), ranking as the highest among the six regions. China's carbon emitter can be further divided into seven main sectors, namely agriculture, power, industry, construction, transport, residential and others. Power and industry sectors are the largest contributors to China's carbon emissions, accounting for 50% and 30% of the total emissions, respectively. The contribution of power sector is on the rise over time, while on the contrary the contribution of industry sector is on the decline. The sector-specific carbon emissions and their shares also vary between regions. The contribution of the power sector increases the fastest in the Northwest region, reaching 63% in 2020. The share of the transport sector is rising rapidly across all regions, with Southwestern region's transport secto rincreasing rate the highest, which reached 79.3% in 2020. Contrary to the general increasing trend of regional carbon emissions, regional carbon intensity showed continuous decreasing trend. The Eastern and Southern region's carbon intensities are the lowest, which are 0.6 kg$CO_2$/US dollar and 0.5 kg$CO_2$/US dollar, respectively, declining by 43.4% and 51.3%, respectively (from 2000-2020). In contrast, the Northwestern and Northern region's carbon intensities are the highest which are 1.4kg$CO_2$/US dollar and 1.3 kg$CO_2$/US dollar, respectively,declining by 7.8% and 36.3%, respectively (from 2000-2020).

The COVID-19 pandemic starting from early 2020 has had a significant impact on global carbon emissions. Assessing the impact of the COVID-19 pandemic on China's carbon emissions (mainly from January to April) is crucial for China to take the leading role in the global climate change mitigation. China's $CO_2$ emissions decreased by 7.8% in the first four months of 2020 (compared with the same period in 2019, the same as below unless specified otherwise), with a total emission reduction of 264.0 million tons of carbon dioxide. $CO_2$ emissions decreased by nearly 20% in February 2020, and by 9.4% in March. However, the reduction was temporary. In April, China's carbon emissions already returned to the same level as the previous year. Sector wise, the $CO_2$ emission reduction from the transportation sector was the largest among all sectors. Transportation sector alone accounted for 36% of the total $CO_2$ emission reductions from January to April. The reduction of $CO_2$ emissions from the power and industry sectors contributed 34.5% and 26.7% (respectively) to the total reduction of $CO_2$ emissions from January to April. The residential sector takes up the remaining $CO_2$ emission reduction. In April, $CO_2$ emissions from the power, industry and residential sectors returned to the same level as the previous year, while the transportation sector still showed a large emission reduction. More specifically, from January to April, $CO_2$ emissions from ground transportation and the aviation sector decreased by 16.3% and 51.7%, respectively.

Future $CO_2$ emissions projections are often studied by scenario analysis coupled with integrated assessment models. Integrated assessment models play an essential role in constructing and realizing scenario analysis. Both global and Chinese future $CO_2$ emission scenarios and reduction pathways have been extensively studied with various integrated assessment models, under the threat of ever intensified climate change and facing the urgent demand of preventing further temperature rise as soon as possible. Under the 2℃ scenario, which aims at controlling the earth temperature to a maximum of 2℃ rise above the preindustrial level (by 2100), 20% emission reduction is needed before 2030 (with 2010 as the baseline). The reduction demand is 45% under the 1.5℃ scenario. At the General Debate and Climate Ambition Summit of the United Nations General Assembly in 2020, China was the first country to achiere the "3060 target", in which China aims to achieve the peak of carbon emissions by 2030 and to achieve carbon neutrality by 2060. In order to achieve this target, China needs to decarbonize the energy system by reducing the dependency on fossil energy. Energy structure reform and carbon capture and storage (CCS) technology development and implementations are urgently needed to reduce carbon emissions and to increase carbon sinks.

### Current and potential carbon sink of China's ecosystems

Ecosystem carbon sink plays an important role in global carbon and nitrogen cycles and greenhouse gas budget. Especially in recent years, with the implementation of national key ecological restoration projects and the change of cropland and grassland management, the quality and carbon densities of natural ecosystems such as forests (shrubs) and grasslands have been promoted and enhanced, and the cropland soil organic carbon stocks has also been improved, which not only improved the ecosystem service function of China, but also provided considerable carbon sequestration of ecosystems. At the same time, with the in-depth study of marine carbon cycle, the important role and great potential of "blue carbon" in marine and costal ecosystems has drawn broad attention. Due to the great potential of biophysical carbon sequestration of ecosystem management measures, the simple implementation of corresponding technologies, and the benefits of improving ecosystem services and quality, as well as increasing production, ecosystem carbon sequestration approaches are considered as a robust nature-based climate solution, and powerful supplement to greenhouse gas mitigation in energy and industrial sectors. Therefore, ecosystem carbon sink can play a key role in China's greenhouse gas mitigation and the realization of 2030 carbon peak and 2060 carbon neutralization targets. To slow down global climate change through ecosystem $CO_2$ fixation has also turned out to be the basic consensus of the international community. As one of the approaches to mitigate global warming and absorb greenhouse gas from the atmosphere, the main purpose of ecosystem carbon sequestration management is to reduce the concentration of greenhouse gases in the atmosphere. However, due to the greenhouse gas leakage caused by on-site and off-site ecosystem management activities, the total carbon sequestration of vegetation and soil in the ecosystem can not objectively reflect the real greenhouse gas mitigation or the actual contribution of ecosystem management measures to mitigating global climate change. Therefore, the net greenhouse gas mitigation or sequestration potential of carbon sequestration measures should be the sum of global warming effects of various greenhouse gases budgets related to the practice, rather than the dynamics of the soil and vegetation carbon pools alone.

Based on the formation mechanism and carbon sink intensity of different terrestrial and marine ecosystems, this chapter discussed the research progress of carbon sink in forest and shrub, grassland, farmland and marine ecosystems in China. The forest carbon sink was considered as the main carbon sink of China, which accounts almost 60% of China's total terrestrial carbon sink. China's forest carbon sinks was estimated as 84 ~ 154 Tg C/a based on continuous forest inventory and 355.23 Tg C/a based on remote sensing based ecosystem model. Different with forest, the grassland carbon sink mainly lies in underground part of grassland ecosystems, especially in the soils. As the ecosystem taken almost 30% of China's land area, grassland provided about 8% of China's terrestrial carbon sink. Compared with natural ecosystems such as forests and grasslands, the soil carbon pool of farmland ecosystems is particularly severely affected by human activities, and it is the most active part of the carbon pool of terrestrial ecosystems. Therefore, the contribution of farmland ecosystems to atmospheric $CO_2$ concentration ultimately depends on the carbon budget of the soil. Since the marine absorbed about one third of the anthropogenic $CO_2$ emission, the carbon sink of coastal ecosystems (especially mangrove ecosystem) and marine ecosystem and the relative mechanisms, such as biological pump, also turned to be hot spot of research.

Although ecosystems absorb and sequester huge amount of atmospheric $CO_2$, the current global warming is still intensified and the concentration of greenhouse gases in the atmosphere continues to increase, which indicated that the current ecosystem carbon sinks are insufficient to neutralize anthropogenic carbon emissions. In addition, the current stage of the earth's development has entered the Anthropocene, and human activities have profoundly affected the global ecosystem. For ecosystem carbon cycle, there are not only natural sequestration, but also the contribution of human management practices to the increase or decrease of ecosystem carbon sinks. It is reported that the biophysical carbon sequestration potential of ecosystem management measures is huge, the implementation of related technologies is simple, and the process of carbon sequestration can bring benefits such as improving ecosystem services and quality, and increasing production. Therefore, ecosystem carbon sequestration (i.e. carbon sink enhancement) is considered as a powerful supplement to carbon emission reduction in the industrial sector, and can play a key role in my country's efforts to reduce greenhouse gas emissions and achieve "2060 carbon neutrality" target. In forest ecosystem, artificial afforestation and forest tending and management (including disease, pests, rats and fire prevention and control) can effectively increase the carbon sink of the forest ecosystem. For instance, the increase of China's forest vegetation carbon stock in this century is mainly caused by the expansion of forest area caused by large scale afforestation. For grassland ecosystem, pasture fencing, grazing prohibition, rest grazing, rotation grazing, moderate grazing, and artificial grass planting could prevent ecosystem carbon loss or enhance carbon sink. In cropland, agricultural carbon sequestration measures mainly include fertilization, irrigation, straw return, implementation of conservation tillage techniques, and improvement of mechanical tillage and crop coverage, most of which would increase soil carbon sink or reduce soil carbon loss. China's key ecological protection and restoration projects also have a significant sink enhancement effect of 74 Tg C/a, contributing 56% of the carbon sink in the project area. During the past decade, China's "Blue Carbon Project" has also been vigorously promoted, and the development of macroalgae to improve marine carbon sink has also received extensive attention.

In addition, this chapter started from the identification of greenhouse gas leakage of ecosystem management measures, and recommended net carbon sequestration or mitigation as the major criteria of carbon sequestration practice. Many management practices in cropland, forest and grassland ecosystems can extend forest area, increase carbon input or prevent C loss from vegetation and soil, and subsequently enhance C sinks and stocks. These management practices are considered as promising carbon sequestration measures. However, during implementation of these measures, the production, transportation and consumption of corresponding materials (such as synthetic fertilizers) and fossil fuel, the additional trace GHG emissions, and the processes taking place elsewhere as a result of the implementation activities may lead to GHG budget change other than the carbon stock, and form GHG leakage. Consequently, in order to reveal the true contribution of these practices to global warming mitigation and GHG reduction, full GHG budget need to be considered rather than the impact on soil and vegetation carbon alone. We analyzed the greenhouse gas leakage of typical carbon sequestration and sink enhancement measures of forest and cropland, and typical major ecological restoration projects in China, and investigated the offsetting effect of leakage on carbon sequestration effects, as well as the net greenhouse gas mitigation. The counteraction effects of GHG leakage from forest management and some forest-related ecological restoration projects were relatively small and could hardly exceed 25%. Meanwhile, the GHG leakage of some cropland management practice (e.g., straw return in rice paddies) could fully offset the carbon sequestration in soil. But reduction of synthetic fertilizer application in accordance with the national fertilization recommendations might own considerable net GHG mitigation potential. Grazing prohibition could sequester carbon in grassland ecosystem, but the transfer of grazing activity could offset about half of the carbon sequestration effect. Therefore, policies and technical approaches to minimize GHG leakage are necessary to enhance the GHG mitigation effect of the ecosystem carbon sequestration practices.

Finally, from the perspective of the impact of ecosystem carbon sink promotion and protection measures on ecosystem carbon sink and biodiversity protection, this chapter discussed the relationship between ecosystem biodiversity and carbon sink.

### Towards carbon neutrality: Policies and strategies

In the early stage of economic development, economic growth is mainly built upon the increases in energy consumption and the expansion of industrial production, resulting in high emissions. In the later stage, however, due to factors such as industrial restructuring, industrial upgrading and technological progress, continuing economic growth would not necessarily correlate with higher emission levels but usually lead to a reverse in such trends. For China, though, the current continual increase in carbon emissions is still predominantly attributed to the economic growth, in its present form and stage. A historical review of China's national policies on adjusting domestic economic structure in various periods since 1978 made it clear that, the government's focus has shifted from ensuring gross balance to optimising industrial structure. For a long time, industrial development has been the leading factor in driving China's carbon emissions. Meanwhile, China's industrial structure has been gradually upgraded since 2007, with the added value from the service industry and high-tech manufacturing industry growing rapidly. Consequently, the rise of China's annual carbon emissions has begun to show a sign of deceleration. While industrial structure affects production-based emissions, consumption-based emissions are determined by the pattern of consumption. In recent years, the consumption structure of Chinese consumers has changed in a way that the demand for products and services of high carbon intensity such as transportation, communication and energy, has increased rapidly, leading to an increase in consumption-based carbon emissions. Implementing incentives/policies that promote the transition of the current consumption structure towards low-carbon is essential to reduce consumption-based emissions.

China's carbon emission is largely dependent on the energy demand and energy structure.In order to achieve the 1.5 ℃ target, there is a general need for reducing the current energy consumption to 65.1% globally. Studies show that China's energy demand is entering a long-term low-speed growth stage. Therefore solely relying on the peaking and declining of energy demand is not sufficient for reaching the carbon peaking and carbon neutrality goal. Energy structure reform, especially decarbonization and low-carbon transformation, is urgently needed. More specifically for China, several measures could be taken in such reform: improving energy efficiency, promoting sustainable consumption, incresing the terminal electrification rate, and decarbonizing the power system. In addition, technological innovation is also crucial. However, because of the special nature of the energy sector (unlikely to fully eliminate fuel use in the near future), it is unrealistic to achieve complete carbon neutrality only by reforming energy structure. Actively developing carbon-negative technologies, which directly capture carbon emissions, are essential. Several of those are already available for widespread application. However, due to high economical costs and the lack of infracture, carbon-negative technologies are yet to be applied at large scales, which would further require policy and economic support.

Market mechanisms that promote carbon neutrality include Emissions Trading Scheme (ETS), Green Certificate Trading Scheme (GCTS) and Energy-Use Rights Trading Scheme (EURTS). ETS is a mechanism by which the international carbon trading market is regulated. It utilises market power to control emissions of carbon dioxide and other greenhouse gases, to promote more effective allocation of production factors, increase to industrial output value and to reduce regional imbalance of economic development. GCTS refers to a system which specifically creates a market for the trading of green certificates. This scheme provides supporting measures for the effective implementation of the renewable energy quota system. It complementarily combines market mechanism with incentive-based policies, which cost-effectively enables the respective responsible entities to fulfil the quota set by governments through efficient and flexible transaction methods. Under the premise of controlled energy consumption and intensity quota, Energy-Use Rights refers to the comprehensive energy consumption rights and interests that obtained by energy consuming entities through issuance or transaction. Establishing paid use of energy-use rights aims to promote energy conservation, emission reduction, transformation and upgrading within enterprises, through market-oriented means, which ultimately facilitates green development.